なぜ君は、科学的に考えられないんだ？

松尾佑一

CROSSMEDIA PUBLISHING

はじめに

「なんとなく」で判断して損をしないために

初めまして。著者の松尾佑一と申します。

私は普段、大学で生物学の研究をしています。その傍ら、学生時代から小説を書いており、ありがたいことに賞をいただいたこともあります。読者の皆様に物語の世界に入っていただく前に、少しだけ、「なぜ、小説家でもある研究者が、ビジネス書を書いたのか？」について、お話しさせてください。

私は研究活動のなかで、たくさんの書物に目を通します。その多くは、生物や数学に関する学術書です。ところがある時期、異分野の考え方を自分の研究に取り入れられないかと思い、ビジネス書をいくつか手に取ってみたことがありました。

それらの一部は、深く専門的なものでありましたが、多くの書籍は、「もう少し科学的な考えが入っていればいいのにな」と思えるものでした。

「科学的な考え」とはなにか。それについては、ぜひ本編を読んで感じていただきたいところですが、いくつか示すと、「数字で表されていない」「具体性がない」「論理的でない」といった内容が散見されたのです。

そんな思いを抱くとともに、ふと、我に返って考えてみると、「自分たちはどれくらい科学的に物事を考えて判断をしているのかな？」と、疑問を持ちました。

例えば、横断歩道を例に考えてみましょう。

「急いでいるときほど、よく赤信号に引っかかる」

そう感じたことのある方は、多いのではないでしょうか。そんなとき、つい「今日はツイていないな」と、自分の運勢を呪ってしまうものです。

ですがそれは、正しい判断でしょうか？　日常で赤信号に引っかかっている回数や割合を導き出して比較しなくては、本当に「ツイていない」のかはわかりません。

それなのに私たちは、感覚的に判断して落ち込んだりしてしまいます。

日常生活であれば、面倒な計算などはせず、「なんとなく」で捉えても問題はないでしょう。ですが、ビジネスの世界では、そうはいかないのではないでしょうか。新しいビジネスや新商品の成否を「なんとなく」の印象で判断してしまう。効果が不明確な施策も、これまでもそうだったからと「なんとなく」続ける。その一方で、新しいことへのチャレンジは「なんとなく」リスクがありそうだからやめておく。

「なんとなく」で判断した結果、損失を出してしまったり、好機を逃してしまったりしては、もったいないとしか言えません。

過去や現在に起きていることをデータや数値化していたら、それらがどのように計算されて導かれたものか知っていたら、そして、これまで「なんとなく」だった判断を科学的に考え直していたら、きっと、「失敗」は減るのではないかと思うのです。

そこで、科学的な視点を伝えるビジネス書、それも、小説形式といったとっつきやすい形であれば、さまざまな方に手に取ってもらえて、お役に立てるのではないか。それであれば、私が書く意味があるのではないか。

そう考えたことが、この本を書いた理由です。

主人公は、入社3年目の若手社会人です。この本は仕事に行き詰った若手社員が、仕事で出会うさまざまな壁を乗り越えるために、科学の分野からアドバイスしようという試みです。

ただ、「科学」と言っても、大それたものではなく（微分方程式も相対性理論も登場しません）、基本中の基本を取り上げています。「なんだか分野外の人が面白そうなことを言っているぞ」という気持ちで、読んでいただければと思います。

また、主人公は、うまく仕事をこなそうともがく中で、仕事とはまったく別のこと（同僚との付き合い方や、上司からのパワハラなど……）にも同時に対処しなくてはならなくなります。こういった状況は、実際の仕事でもよく見られると思います。仕事をする上での問題は、同時に・複数で・理不尽な形で起こるものです。それらを乗り越えようと奮闘する様子も、見ていただきたいと思います。

本書が、皆様の仕事において少しでも役に立ち、そして、希望を与えるものになれば、著者としてこれ以上の喜びはありません。

松尾佑一

「なぜ君は、科学的に考えられないんだ？」目次

第二章

「論理的」な説明に不要なもの

～「プレゼン」を科学的に考える～

第三章

心を乱す「粒子」との向き合い方

～「人間関係」を科学的に考える～

第四章

私たちの仕事が「混沌」になる理由

～「デスクワーク」を科学的に考える～

第五章

「感情」が隠してしまうデータの真実

〜「データ分析」を科学的に考える〜

第六章

過去の向こうに「未来」が見えてくる

～「シミュレーション」を科学的に考える～

第七章

「天才」の頭の中で行われていること

~「イノベーション」を科学的に考える~

最終章

科学は誰にも「公平」なものである

～「科学的」に考えるということ～

デザイン　岩永香穂（ＭＯＡＩ）
イラスト　あすぱら
ＤＴＰ　茂呂田剛（有限会社エムアンドケイ）
校正　円水社
編集協力　藤本佳奈（アップルシード・エージェンシー）
編集担当　石井一穂

登場人物紹介

山田《やまだ》咲良《さくら》

化粧品会社Nジェネティクス社に就職して3年目の女性。やる気はあるが、空回りしがち。論理より感情で判断する傾向がある。ビジネス書が好きだが、社会人の常識が欠落しているところがある。もともと文系出身で、美大を目指していた。

班目《まだらめ》兎志男《としお》

東京科学技術大学理工学部の教授。44歳の大男。白衣の背中には「兎」のトレードマークが描かれている。変人だが能力は高く、39歳で教授に昇格している。珍妙な学術論文を収集する癖がある。「反重力」のあだ名で学生から慕われている。

町村《まちむら》 充《みつる》

Nジェネティクス社の常務取締役。49歳。5年前に行われた班目教授との共同研究を担当していたが、その途中でマレーシアに赴任。「努力は裏切らない」を信条に、気合いと根性で道を切り開いてきた。その熱血ぶりから「溶鉱炉の炎」と評される。

長谷川《はせがわ》達也《たつや》

Nジェネティクス社に勤め、山田と同じ企画課に所属する男性。山田よりも5年先輩。仕事の能力が高く、中性的な顔立ちから、社内には女性ファンも多い。山田にとっても、よく悩みを聞いてくれる憧れの先輩だが……。

第一章

ある「変人教授」との出会い

～「伝え方」を科学的に考える～

凪いだ海の岸に、白い大きな貝が流れ着いている。その貝の上に、美しい女神が屹立《きつりつ》している。

天の国から「愛」という贈り物を持ってきたヴィーナスが、私たちの国の岸辺へと漂い着いた姿と言われている。

風の神ゼフュロスとクロリスが、彼女に風とバラの花を吹き付ける。バラの花は、まるで紙吹雪のようにはらはらと宙を舞っている。幻想的な光景だ。

そして、岸へ上がろうとするヴィーナスに、季節の女神ホーラが赤いローブを渡そうとしている……。

ある「文学少女」の憂鬱

ボッティチェリが描いた、『ヴィーナスの誕生』。フィレンツェ、ウフィツィ美術館に収蔵された、初期ルネサンス、フィレンツェ派の名画のことを思い描きながら、私は眼を覚ました。実に優雅な寝覚めだ。

枕のそばでアラームが鳴り続けていた。もうどこにもヴィーナスの気配も、宙を舞うバラの花も存在しない。私はベッドからむくりと起き上がって、頭をぽりぽりと掻いた。枕元に置いたコップ一杯の水を飲み、目覚まし時計のアラームを止めた。

枕元に置かれた一冊の本に、自然と目が行った。それはアート思考術に関する書籍だった。

アート思考術とは、アーティストが作品を生み出す際の過程や思考を、ビジネスなどの分野でも生かそうという発想法である。ある事実に対して、自分はどう思うのかという感想を思い浮かべ、さらにそこから自分はなぜそう思うのか、と掘り下げていくことで結論（＝求めるモノ）に近づけていく。これがアーティストの行動過程である。複数の物事や事例をならべ、共通項を統合して結論を得るという『帰納的思考法』などとは発想が異なり、新たなアイデアを創出することができる方法として注目を浴びていた。

この本を読みながら寝落ちしたから、あんな夢を見たのか……。

本の表紙を眺めながら、私は職場で先日あった出来事を思い出した。経理部門の、十歳ほど年上の女性社員から突然話しかけられたのだ。

「咲良さんの趣味って何？　いつも休日は何をしているの？」

すべてを見透かしてやるぞという意気込みのある目でこちらを見ながら、相手はそう言った。どんな職場にも、たいてい一人くらいは、他人の情報を集めることが大好きな人間がいるものだ。私は親しみを込めた表情をつくり、あっさりと答えた。

「読書です」

「どんな本が好きなの？」

「ええと、簡単に言うと、ビジネス書です」

相手は一瞬、不思議そうな顔になり、それからにっこりと笑った。

「えー、どんな本？　教えてよ！」

この相手は、簡単に解放してくれるような人間ではなかった。どんなビジネス書なのか、どこで本を買うのか、一人で本を買うのか（遠回しに恋人の存在を尋ねていた）、事情聴取のような質問が始まった。

ハッと気がついたときには、私はこれまでに読んできたビジネス書について10分間も語ってしまっていた。ドラッカーが高校野球のチームを率いたらどうなるか、について説明しているときに、相手の女性がいささか退屈そうな目をしていることに気がついた。私は慌てて口をつぐんだ。

女性社員は、おかしそうに言った。

「咲良さん、あなた、相当変わっているわねぇ」

それから間もなくして、私は社内で「文学女子」というあだ名がつけられた。経理課のこの女性が、その名前を言いふらしたのだろう。ビジネス書が文学なのかどうかわからないけれど、それほど私のような存在は珍しかったのかもしれない。

私が勤めているのは、Nジェネティクスという名前の、スキンケア化粧品を開発・販売する外資系ベンチャーだ。職場にいる人間のタイプは、どちらかというと、社交的で、スマートに行動する人間が多いと私は分析している。

スターバックスのテイクアウトのコーヒーを片手に、スマホに接続したワイヤレスマイクに向かって会話しながら颯爽と街を歩くような。紙媒体の文字をほとんど読まず、たとえ読んだとしても、社内の休憩スペースに積まれた英字新聞に軽く目を通すような……彼らはほとんどのニュースを、デジタルで入手するのだ。そんなタイプの人たちが多いと、私は勝手に思っている。

でも、私はちょっと違う。話をするときは直接会いたいし、本は紙媒体で読みたい。経理課の女性は、この職場では古風で珍しい私のライフスタイルを見て、文学女子などというニックネームをつけたのかもしれない。

私のすべてを経理課の女性にさらけ出してしまったと思われそうだが、二つだけ、話さないように注意したことがある。

一つは、常にＩＣレコーダーをオンにして携帯していること。とあるビジネス書に書かれていた「アイデアや勉強になることは、会話の中に含まれている」という文章を信じて、大事なことを聞き漏らさないように実行しているのだ。音声を常に記録しているなんて、もし知られたら、誰も私としゃべってくれないだろう。

そして二つ目の秘密は、アート思考についてだった。

私は外資系のベンチャー企業に勤めているが、芸術の世界に興味があった。とりわけフェルメールに傾倒していた。高校生の頃からフェルメールの描く光と影の世界に魅了され、油絵を習い始めた。ふらりと応募した美術展で評価を得て美大へ……というような奇跡は起こらず、平凡な絵を部屋の押し入れがいっぱいになるくらい描いて、両親から「頼むから普通の大学へ行ってくれ」と懇願されて、やむなく美大進学の道はあきらめた。

そして苦手な理数系科目を徹底的に避けるようにして、外国語系の大学に進学。就職活動の場面でさんざん苦しんで、ようやく内定が出たのが現在勤める会社だった。

私はこれまで高校や大学の友人たちから「地に足がついていない」と、よく言われてきた。美大を目指していたことを知っている友人たちからは、会うたびにからかわれてきた。

私は受け流しつつも、「そんなに笑われることなのか？」と内心、納得がいかなかった。アーティストたちの気ままな生活や、思いついたことを実現しようとする素直さ、そして何よりあの油絵のケミカルな匂いが、私はたまらなく好きだった。

それが今、通勤電車に四十分間すし詰めにされ、四畳半の狭く古いマンションに住む生活。部屋の中央に座れば、私の手はコーヒーを載せたテーブルにも、本棚にも、ベッドにも、ぜんぶに届いてしまう。こんな窮屈な生活を、自分は望んでいたのだろうか？

いいや。本当はパリのセーヌ川沿いにある古いアパートメントの一室で、キャンバスに向かっている……たとえそれが四畳半の面積しかない狭い部屋だったとしても……何かの選択が違っていたら、そんな人生を歩んでいたのではないか。

アートにまつわる回想と空想はそのあたりにして、私は会社へ行くための仕度を始めなくてはならなかった。時計の針は、午前六時を回ったところを指し示していた。

頭と体を仕事モードに切り替えなくてはならない。私は仕事用の手帳を開いて、今日の予定を確認した。

『これから求められるスキンケア製品とは何か』というタイトルで、プレゼンテーションをしなくてはならなかった。私が所属する企画課では、新しい商品やブランド、マーケティングなどの『種』を生み出すためのプレゼンテーションを、週に一度集まって行うことになっている。これからの時代、生き残るスキンケア製品のブランドに求められる要素とは何か？　核心的なアイデアとは何か？　そのテーマについてここ一週間ずっと頭を悩ませ続けていた。

アート思考に基づいて、アーティストの考え方に寄り添って、新たな企画を生み出す。そうやって作り上げた企画が、私のノートPCにすでに収められていた。

七時にセットしていたアラームが鳴った。出勤の時間だ。着替えをすませ、ぼんやりとプレゼンの内容を反芻していた私は、飛び跳ねるように椅子から立ち上がり、部屋を出た。

まだ肌寒い四月の朝は、暗い海の底のようだと思った。

硬直した業界にイノベーションを起こすアイデア

「近年のスキンケア市場は、敏感肌を感じる女性の増加や、肌に優しい使い心地への期待の高まりを受け、年々拡大しています。一方で、『敏感肌』や『もちもち肌』といった既存のキャッチコピーには、実際、消費者は飽き飽きしています。消費者に受け入れられるのは、皮膚科の医師や大学の研究者による監修を受け、科学的に裏打ちされた、肌の悩み改善に着目した革新的なスキンケア製品、ドクターズコスメだと考えます」

スクリーンには堂々とした文字で「ドクターズコスメ」と映し出されていた。そして傍らのモニターには、三田村という名の入社六年目の女性社員の顔が映し出されている。彼女は主にマーケティングに基づく企画立案を担当している。眼鏡の似合う、いかにも理知的な女性であることが、モニター越しにでもわかる。彼女はウェブ経由で、どこかのカフェからこのミーティングに参加しているようだった。

「乾燥などの環境ストレスにより肌荒れやニキビを繰り返してしまう、そんな肌の悩みを抱える女性のための専門のスキンケア製品として、わが社はドクターズコスメ『ミレニアム』シリーズを生み出しました。皮膚の再生医療に関する専門家の発想による、科学に裏付けされた『安全性』と『効果』を両立させた化粧品開発を続けています。そして……」

三田村さんは、いったん呼吸を止めて、モニター越しに私たちを見渡した。

「ドクターズコスメという科学的な視点と、SDGsの視点を組み合わせます。今や時代は、あらゆる分野に対してSDGsを求めています。我々が追及するべきは、科学に裏打ちされた製品であり、なおかつ、生産過程からパッケージに至るまで、環境に配慮して持続可能な製品であることをアピールしたものであるべきです」

上手なプレゼンだ、と私は思った。アピールポイントを複数用意することで話に厚みを持たせ、そして間を置くことで聴衆の注意を引き付ける。

かつて読んだビジネス書の中に、聴衆に響くプレゼンテーションのコツとして、ひと呼吸おくというテクニックが書かれたものがあった。その本のタイトルは……忘れてしまったが。

彼女と同じように自分はやれるだろうか。まず、無理だ。いったん呼吸を止めたら、もう二度としゃべれなくなってしまいそうだ。

三田村さんのプレゼンは終わった。企画課長の、四十代の男性の上司は、何度か頷いてメモを取っていた。


次のプレゼンターは、私の五年先輩の男性社員だった。彼はモニター越しではなく、私の隣に座っていた。

名前は長谷川達也といった。化粧品会社の企画部に、若い男性がいることを、はじめ私は不思議に思っていた。まもなくして、彼が化粧品業界に並々ならぬ情熱があることと、彼自身の能力が高いことに気が付いて納得した。彼の企画力、プレゼン能力は自分よりも数倍上だと私は思った。

そして長谷川さんの容姿は実に優れていた。身長は高く、スマートで、縁のない薄いレンズの眼鏡が、中性的な顔立ちの彼にピタリと似合っていた。

　長谷川さんは話を始めた。

「ＳＧＤｓ、大いに結構です。私も同意します」

　彼は先のプレゼンターの三田村さんに微笑を送った。三田村さんはわずかに照れくさそうな表情を浮かべた。

「さて、私が本日お話ししたいのは、これからスキンケア製品のブランド力はどのように維持されるか、といった話です。化粧に関する研究活動を行うポーラ文化研究所は、[1]『スキンケア・メークの行動と意識のうつりかわり』という調査レポートを発表しました。この調査レポートでは、若い世代でスキンケア・メイクの開始が早くなったことが、ここ数年の特徴であると述べています。具体的には、スキンケアを開始する時期は、肌を美しく見せることが目的のメイクに比べて早く、特に10代の若い世代で顕著に早期化しています」

　モニターの向こうで三田村さんが頷いているのが見えた。妹でもいて、実感がわくのであろうか。

1)ポーラ文化研究所.平成から令和へ スキンケア・メークの行動と意識のうつりかわり(2020年11月30日)

「この理由は、彼女らの親の世代である保護者が、乳幼児期の子供本人に対してスキンケアを行っていたこと……すなわち親の世代が子供に対して肌の保護、UV対策などのスキンケアを抵抗なく行っていたことが、背景にあると分析しています。さらには、インターネットやティーン向けの雑誌から手軽に美容情報をキャッチするといった行動も、平成の頃に比べて活発であり、このような変化を加速させていると考えられています」

企画課長は、なるほど、と頷いた。

「ここから我々が学ぶべきことは、これからのブランド力の維持のためには、親の世代へのアピールが重要であるということです。まぁ、化粧品自体の品質なども大切な要素なのですが、親が使用していたスキンケア製品のブランドが、子供の世代にも抵抗なく受け継がれることで、そのブランド力は維持される可能性があるということです。では、どのように世代をまたぐブランド力を維持していくか。私が重視するのは月並みな『肌への良さ』というような形容詞ではありません」

場が静まりかえった。私は思わず長谷川さんの顔を見た。

「オーガニック、保湿、浸透……化粧品業界の形容詞は、消費者に飽きられています。

どれもこれも同じ。しかし、一方で、消費者はこれらの言葉を愛しています。なぜなら、化粧品とはチャレンジングなものではないからです」

先のプレゼンターである三田村さんは、そうかもしれない……と頷いた。

「新しいものを化粧品メーカーは作りたい。新しい販路を開拓したい。しかし、消費者はすでに使い続けた化粧品がある。劇的に変化した新製品を望むのは、よほど肌に合わないものをつかんでしまった気の毒なごく一部の消費者でしょう。すでにみなさんご存じのはず。売られている化粧品はどれも大差なく、そして適度に効果があることを」

場はやはり静まりかえっている。企画課長は困った表情を浮かべている。それを言っちゃあ、おしまいでしょうが、という表情だ。

長谷川さんは気にせず続ける。

「次のデータを見てみましょう。化粧水・乳液・美容液といった基礎化粧品を、同ブランド・同シリーズとして販売する売り方があって、同シリーズの化粧品を揃えることを『ライン使い』と言います。ライン使いしているかというアンケート[2]を取

2)マイナビライフサポート編集部.基礎化粧品、ライン使いしている女性は何割?(2022年9月12日)

ると、していると答えたのは32・1%に対して、していないと答えたのは46・8%です。決してライン使いをしている方が主流ではありませんが、このライン使いをしている人たちの意見の中に見るべきものがあります。それは『いつもの物を使う安心感』という考えです」

そこで長谷川さんは、ひと呼吸おいた。

「新しすぎる成分は避けられる。劇的に美しくなる化粧品など夢の話。すなわち、成分では、イノベーションは簡単には起こりえない。であれば、別の部分でイノベーションを起こすのです。つまり、売り方を変えるのです。わが社の最高傑作の化粧品、これを今後五十年間提供することを保証する、という打ち出し方をするのです」

「五十年だって?」企画課長は驚いて聞き返した。

「それくらい長い方が、インパクトがあると思います」

長谷川さんは自信のある声で答えて、続けた。

「先に述べたように、『いつもの製品を使う安心感』という意見は、決して顧客の全員が考えていることではありませんが、一定数に『使い続けていた化粧品の廃版や変更が困る』と考えている顧客がいるのは事実です。そういう顧客こそ大切にするべきです。そこで我々は今後五十年間、レシピを変えない化粧品を作ったと宣言するのです。もちろん言葉だけではなく、実際にその体制を作ります。原材料と工場の契約を五十年間とします。その契約書もパッケージにしてしまえばいい」

「そうきたか」と言って、企画課長は膝を叩いた。

私は彼のアイデアに驚いた。そんなことを思いつくなんて。自分は成分のことばかり考えていたが、彼はマーケティングについてそこまで考えていたなんて。

化粧品業界に影響を起こすようなイノベーション……そんなもの、すぐに自分に思いつくとは思えなかった。「イノベーションは簡単には起こりえない」。長谷川さんの言葉がすべてを物語っている。しかし、簡単には起こりえないイノベーションを、彼はこのプレゼンテーションの中で、別の形で見せてくれたのだと思った。

長谷川さんは着席した。次は私の番だった。

心臓はばくばくと音を立てていた。私が今必要とするのは、オーガニックな化粧品などではなく、心臓の薬だった。しかし、引き返すわけにもいかない。用意したプレゼンに運命を託すのみだ。

私は口を開いた。

「私が提案するのは、面倒くさくないスキンケア製品です。日々の肌のお手入れを面倒に感じていて、かといって結果がすぐに欲しい人向けの製品……まさに自分が欲しいものなのですが。私はこの製品を、アート思考によって生み出しました」

企画課長が、はあ、と間の抜けた声を上げた。

「その製品は……ずばり、ビタミンCの錠剤です！」

ビタミンCの「代償」

「君のアイデアは大好きだよ」

長谷川さんは自販機のコーヒーをゆらゆらさせながら私に言った。私たちはオフィスの自販機コーナーの壁に背を向けて、缶コーヒーを飲んでいた。

「スティーブ・ジョブズはシンプルさを追求して成功した。彼のシンプルさは美しく、また新しかった。ビタミンCの錠剤も、もうちょっと新しいポイントが含まれていたら良かったんだけれどね」

「変に慰めないでください……」

私は髪の毛をかきむしった。

「ああ、一時間前に戻りたい。思考が短絡的な自分を殴りたい。なんだか、私、ひとつのものに注目すると、他のものが見えてこなくなるんです。肌に良いもの……みんなが知っていて安心……そうだ、ビタミンC！　って考えたら、もう他のものが見えなくなっちゃうんです」

私は自分のプレゼン資料を丸めて遠くを見るポーズをした。プレゼン資料の望遠鏡の先には、窓越しに向かいあったオフィスが見えた。みんなちゃんと働いていた。

「まぁ、まぁ、今日のミーティングは、みんなでイノベーションの種を見つけよう、というものだったから、君のプレゼンはあながち的外れじゃないよ」

「長谷川先輩……！」

この人はなんて優しいんだ。おまけに顔もいい。私が長谷川さんの顔を少女漫画の一ページに落とし込んでいたとき、企画課長が荒々しい足音を立ててやってきた。

企画課長は長谷川さんにではなく、私に向かって話しかけてきた。

「山田さん、ここにいたか、ちょっと話がある。来てくれないかな」

長谷川さんと私は思わず顔を見合わせた。


ビタミンCが、それほどいけなかったのか。ビタミンCの錠剤が原因でクビになる人間なんて、この人まみれの東京でも、そうはいるまい。私はどんよりした気持ちで、企画課長のあとをついていった。

ミーティングテーブルをはさんで、課長と向かい合うように着座した。そしてまじまじと課長を見た。

片栗という名の企画課長は、外資系のベンチャー企業の課長というよりは、パン屋の二代目店主という趣があった。余計なことをしゃべらず、淡々と毎日の仕事をこなすタイプの人間で、いったん仕事が終わると、気さくで人なつこい笑顔を見せるような、理想的な上司だった。

そして彼はNジェネティクスには珍しい存在だった。この会社には、自分はデキるという自信に満ちたオーラを放ち、エリート意識を胸いっぱいに抱え込んで、他者に対して意識的にバリアを張るような人たちが、うじゃうじゃいた。そういう人でなければ、外資系のベンチャー企業に身を置こうとは考えないのかもしれない。

しばらく黙っていた片栗は、私が予想していたこととと、まったく違う言葉を口にした。

「君は班目兎志男という名の大学教授を知っているかな?」

私はぽかんとした顔をして、それから首を振った。

「先ほどのプレゼンで三田村さんが言ったように、わが社の製品にはドクターズコスメというものがある。皮膚の再生医療に関する専門家(ドクター)との共同研究により開発した化粧品なんだが、そのブランドコンサルタントとして班目教授という人物がいる」

班目、という名前は聞いたことがなかった。

私の呆けた顔を見た片栗は、話を続けた。

「君が知らないのも無理はない。班目教授とは、今から五年前まで共同研究をしていた。過去形の話なんだ。その……とある事情があって、現在は関係が断絶している。その班目教授と五年前に共同研究したドクターズコスメの売り上げが、ここのところ急激に落ち込んできたんだ。心機一転、班目教授との共同研究を再開して、製品の改良を行うことを上層部が決定した」

「はあ」と私は気の抜けた返事を返した。

「先方にも伝えたところ、承諾してくれた。それで、共同研究先との間には通常、専任の担当をつけなければならない。わが社の要望を伝えたり進捗を管理したり。その仕事を山田咲良さんに任せたい」

「私に、ですか？」

私はおそるおそる尋ねた。

「なぜ私なんかが……」

「いろいろ理由はある」

「その、五年前から疎遠になった理由って何ですか？」

片栗は言い難そうに首のあたりを右手で揉み始めた。

「班目教授は気難しい人でね。その、歯に衣を着せないというか、思いつくことをそのまま口にするというか。すなわち、我々会社人という人種とは違う世界にお住まいなんだよ。それで、わが社の担当とほんの少し揉めてね」

片栗の顔は「ほんの少し揉めて」というものではなかった。ひどく深刻な表情を浮かべていた。片栗の様子は私をひるませるのには十分だった。彼の話だと、班目教授は皮膚の再生医療の専門家だという。外国語系の大学を出たこの身には、理系の大学教授など別世界の人間である。

「まぁ、大学と会社という大人の関係だから、書類上は『共同研究の休止』という形をとりながら、班目教授と共同開発したドクターズコスメの販売は続けていた。これを改良するために、再始動したいというわけだ」

「ところで、私の前任の人ってどなたですか？　社内にいればお話をお伺いしたいんですけど」

目の前の片栗課長が前任だった、という流れを予想していたが、違った。

「そうだな。前任と言えば、町村常務取締役……当時は私の上司、企画部長だった人だ。今、マレーシアの関連企業のてこ入れのために出向されている方だよ」

私は飛び上がりそうなくらい驚いた。実際に二センチくらいは宙に浮いていたかもしれない。町村常務取締役。直接会ったことはなかったが、社内では敏腕と名前の轟く有名な人物だった。そんな人物が喧嘩して関係を断ってしまった大学教授を、私が相手できるのか……？　私はめまいを感じた。

「あのう、それって、今日のビタミンCが関係していますか？」

「どういうこと？」

「私が変なプレゼンをしたから、こんな仕事を割り振られてしまったと……」

片栗は苦笑いを浮かべた。

「ドクターズコスメはわが社の有力なブランドだ。この重要な任務は、君ならできるかもしれない。そう、私も上層部も期待しているよ」

私の質問は適当にはぐらかされてしまった。でもたぶん、ビタミンCのせいだと、私は思った。

班目兎志男、またの名を「反重力」

ドクターズコスメはわが社の有力なブランドだ、と片栗課長は言った。入社三年目の私にも、そのことはよくわかっていた。

化粧品業界では、2019年の三月末に、商品に対する景品表示法違反の指摘が相次ぐという「事件」があった。誇大広告と見なされた多くの製品の表示が見直され、以後、メーカーは売り出し方に神経をとがらせることとなった。

一方で、ドクターズコスメという言葉は、研究者や専門家に裏打ちされていることを示し、「美白に効果がある」とか、「シミを消去」という表現とは、まったく異なる概念で消費者に信用を伝えることができ、魔法のような力をもっていた。

そういう背景もあり、わが社ではドクターズコスメに大きな期待がされていた。過去に大学教授の担当として、部長クラスがあたっていたというのも、その期待の表れだろう。

そんなドクターズコスメの担当が、私なんかで、本当にいいんだろうか？

東京科学技術大学は山手線の田端駅から都営バスに乗り換えて、しばらく揺られてたどり着いた場所にあった。東京科技大という名のバス停は、下町の雑多な住宅街のど真ん中に立っていた。

こんなところに大学があることを、私はこの日まで知らなかった。先程までNジェネティクス社がある港区のオフィス街にいた身にとっては、異世界転生してきた主人公のような気持ちになった。

バス停には大学の名前があったが、あたりにはどこにも大学の気配が感じられない。私はスマホのアプリでキャンパスの場所を探さなくてはならなかった。

バス停のそばには、ゴリラ食堂という看板を掲げたラーメン店があり、ちょうど暖簾がかき分けられて、チェック柄のシャツを着た三人の男が出てきたところだった。スターリングエンジンの効率は……それは熱力学第二法則に反している……などと語り合いながら、彼らは緩やかな坂道を登り始めた。東京科学技術大学の学生に違いない。私は彼らのあとをついていくことにした。


小さな丘の上に大学のキャンパスが広がっていた。

生命科学棟、という建物の二階に班目教授の研究室がある。片栗から渡された資料にはそう書かれている。ただし、そののっぺりとした五階建ての、古臭いコンクリート造りの建物から、生命っぽさは感じ取れないなと思った。

建物の周囲を見渡しても、どれも同じような無機質な建物——配管に覆われた建物や、怪しげな重低音をたてている小屋などが、幾重にも連なっているばかりだった。こんなところで勉強している理系の人間は、自分たち文系の人間とは根本的に違う人種なのだろうと思った。

生命科学棟の受付で来訪者名簿に記入して、班目教授の教授室の場所を尋ねた。それから、ひとり建物の中を歩み始めたが、どれもこれも同じような扉ばかりで、どこが班目教授の部屋なのか、わからなかった。

たまたまそこを歩いていた、髪の毛を後ろで束ねて黒縁メガネをかけた女子学生に、教授室の場所を確かめた。

「ああ、あの反重力の部屋はですね、ここをまっすぐ……」

「反重力?」私は聞き返した。

「あのう、班目先生のご専門は皮膚の再生医療では?」

女子学生は笑った。

「反重力というのはですね、髪の毛が全部逆立っているからです。あだ名です、あ、だ、な!」

いったいどういう人物なのであろう。私は恐ろしくなって、今すぐにでも港区に引き返したくてたまらない気持ちになった。

これもすべてビタミンCの錠剤のせいだと思うと、わが身の不明がひどく恥じられた。だが、とにかく、前に進むしかあるまい。

班目教授室　在中

そう書かれた、兎の顔の形をしたプレートが掲げられた扉を前にして、私はしばらく立ちつくした。ノックの回数は三回が正式だっけ？　四回だっけ？　そう逡巡していたとき、目の前の扉がばたんと開いた。

身長が百九十センチくらいの、よれよれの白衣を着た大男が部屋から飛び出してこようとしていた。150センチの私から見れば、それは東大寺南大門の仁王像のように見えた。

そして反重力というあだ名の通り、頭は怒髪天。そして銀縁眼鏡の奥には、ぎょろりと開かれた眼があり、私を見下ろしていた。企画課長から聞いたデータによると、年齢は44歳。教授としては若いと思われる。そのせいだろうか、教授っぽさが感じられないのだ。

「貴君がNジェネティクスの者か！」

「は、はい」私は絞り出すように答えた。

「貴君が来たと事務室から連絡があったのだが、待てど暮らせどやってこない。迎えに行こうと思っていた。さあ、中に入ってくれ！」

手首が外れるのではないかといわんばかり、班目は高速で手招きした。おそるおそる私は室内に入った。どうやら班目教授は相当にせっかちな人物であるらしい。

教授室の中に入ったものの、室内は学術書やら段ボールやらがところ狭しと積み上げられており、私は畳二畳ほどのわずかにあいたスペースに、身を縮こまらせながら立っているのがやっとだった。

学術書の隙間に立った私は、積み上げられた学術書の一番上に『アイデア・ノート』と汚い字で書かれたものを見つけた。これは何だろう、と思っていると、班目教授に「貴君、何を見ている？」と声をかけられた。

私は慌てて彼に向き直り、名刺を取り出して班目に手渡した。班目は机の上をごそごそやって、それから白衣のポケットの中に手を突っ込み、やがて「ユーレカ！《発見した》」

と叫ぶと、棚からポッキーの箱を取り出した。箱から名刺が出てきた。

東京科学技術大学　理工学部生命科学科
再生医療研究室　教授
博士（理学）
班目　兎志男

「御覧の通り、私は再生医療が専門だが、ここ十年は皮膚の再生医療をメインテーマにやっている。火傷の皮膚の治療、皮膚がんの治療後の処置などの基礎研究を行っている。そこで貴君の会社との共同研究をやってきた。ここ数年ストップしていたんだが、再開したいということだったかな？」

私はペコリと頭を下げた。

「その通りです。どうぞよろしくお願いします」

班目教授は頷いた。

「疑似バリア層」とは、なんのことかね？

「じゃあ、現在の状況を確認したい。どういう風に再開しようと考えている？　説明してくれるかな」

班目教授は厳しい顔をして言った。四角いメガネの奥で、目が三角になっている。そりゃそうかもしれない。わが社の前任者とは喧嘩したというではないか。

私は内心震えながら、片栗課長から渡された資料のコピーを班目に手渡し、読み上げた。

「弊社と班目先生との共同研究で誕生したドクターズコスメ『ミレニアム』は、発売当初は好評を博しておりました。ですが最近の販売数は、落ち着いているというか、不調が続いておりました。誕生して五年以上が経過し、近年の消費者の消費動向に合わせた改良を検討したいと考えております」

「どんな方向性の改良を考えている？」

私は資料のページをめくって、彼の質問に答えた。

「現在の製品は、化粧水の形態をとっていました。これにさらにクリーム、美容液ゲルを追加して、複合的なスキンケア・システムを提案します。化粧水、クリーム、そして美容液ゲルの三種類を合わせて用い、皮膚の奥深くまで浸透させることで、皮膚のバリア層に不足している成分を効果的に補います」

班目教授は私に何かを言いたそうな表情をしていたが、私は続けた。

「……また、皮膚のバリア機能を補うために、保水力に優れた自社開発の成分を配合します。肌のバリア層の上に、さらに『疑似バリア層』をつくり、皮膚内部の水分の蒸発を防ぎつつ、高SPFにより紫外線対策機能も持たせます。これらの作用により、乾燥や敏感肌、肌荒れに悩まない綺麗な素肌へ整えます。このクリームや美容液ゲルといった要素は、あくまで仮のご提案で、成分などについては、班目先生のご意見を伺いつつ内容を定めていければと考えています」

「ふぅん。疑似バリア層って、何？」

私は慌てて資料を見返した。どこにも、その説明は書かれていなかった。

「皮膚のバリア層を、疑似的につくるものです」

私はまごまごしながら答えた。

「じゃあ、皮膚のバリア層って何？」

「……すみません、わかりません」

班目は苦笑いを浮かべた。

「皮膚のバリア層というのは、正式な科学用語としては存在しない。あえて言うとすれば、肌の表面にある角質層のことだろう。しかし、角質層というのは実に優れたもので、そう簡単に異物を通さないし、水を内部に浸透させない。それをマッサージとか、不要なクリームを塗ることで、かえって悪くしているのがスキンケアの問題だ。……それで、皮膚の奥深くまで浸透させると貴君は言ったが、どのくらい深くなの？」

私は自分の手のひらを見てみた。皮膚の奥深くまで浸透するというのは、スキンケア製品でよく見られるキャッチコピーだ。自社製品をはじめ、いくつかの製品の浸透感をテストしたことがあった。そのときの感触を思い出そうとした。

「ええと、数ミリくらい……」

「間違いだ。化粧品の成分が浸透するのは、一般的に角質層までで、その厚さは0・

01ミリから0・03ミリだ。そしてこの角質層の内側には、分裂を繰り返している生きた細胞や血管があり、ここに化粧品の成分が届いてはいけないのだ。化粧品に関する法律である薬機法でも、角質層よりも奥まで成分が浸透すると謳う広告は禁じられている。さらに貴君は敏感肌と言った。敏感肌とは何かね」

敏感な肌です。という答えが班目には通じないことは、容易に想像することができた。私はもう涙目になっていた。「わかりません」と、蚊の鳴くような声で答えた。

しかし、班目は笑顔を浮かべた。

「正解だ！　わからないのだ。敏感肌というのは、科学的な定義はないんだ。体調の変化やストレスや、気温の変化などに対して敏感に反応してトラブルが生じる肌のことを敏感肌と言うが、そんなもの個人の感じ方の問題であり、なおかつ、正常な皮膚の応答とも言える。これを一律なスキンケア製品で対応しようとするのは、科学的ではない」

正解、と言われて、喜べる気分にはなれなかった。敏感肌に科学的な定義がないということを、私は今まで知らなかったし、そもそも定義など考えたことがなかった。

自分は今まで、いったい何を考えてきたんだろう。スキンケアの会社の人間なのに、班目の質問に何一つまともに答えることができていない。私は目の前が真っ暗になり、ぐらぐら揺れているような気がした。自分が口にしている単語が、すべてばらばらの記号のようなもので、意味がないような気がしてきた。

「最後に、SPFとは何か、答えてもらおうか」

私の体がぴくりと反応した。この単語は知っていた。たまたま、先月自分が関わった製品が、高いSPF値を謳うもので、覚えていたのだ。

「Sun Protection Factor、太陽光すなわち紫外線の防護係数です」

「うん。じゃあ、貴君は新しい製品が目指すものとして高SPF値と言ったが、どのような値を考えている?」

「現在、市場にはSPF値が15から50のものがよく見られます。今回開発するものは、この最大値である50を想定しています」

私は資料に書いてある数値を読み上げた。この数値が書いてあって良かったと、心の底から思った。

「SPF値が15と50では、効果は何倍違うの？」

「？」

効果は……単純に、50を15で割った分だけ高いのでは？

でも、どうしてそんな単純な計算について聞くのだろうか？　私は目の前の大男を見上げた。彼の表情からは何も読み取れなかった。

「……約3倍だと思います」

「間違いだ」

班目は言った。彼は手元のメモ用紙に、ひとつのグラフを描いた。

「このグラフにあるように、SPF値

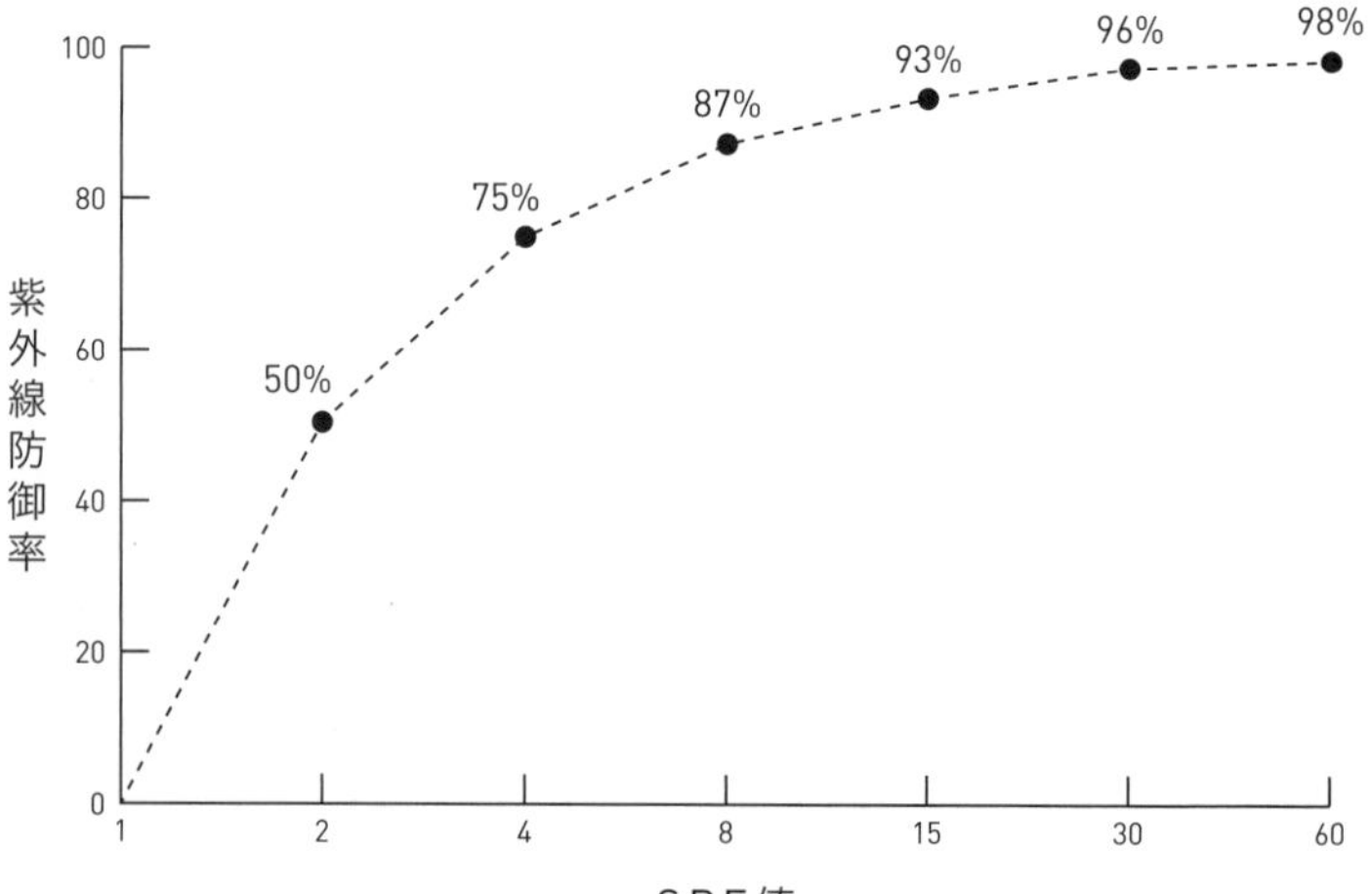

［SPF値と紫外線防御率］

15の日焼け止めを使った場合、日やけなどの原因になる紫外線B波（UV-B）をすでに93％防御できることがわかる。その後、SPF値が上がるにつれて、紫外線の防御効果の上昇は緩やかになる。SPF値50でも、約97％となり、あまり差がなくなっていると言える。このSPF値を50にするためには、SPF値15の製品と比較して、大量の紫外線の吸収剤や散乱剤を含ませなくてはならず、それだけ肌への負担が大きくなる」

班目は私に視線を戻した。

「私が言いたいのは、このグラフにあるような挙動を示すことを理解したうえで、あえてSPF値を50としようとするのか、もしくは理解せずにSPF値を50にしようとしているのか。そして前者であるならば、あえてSPF値を50とする理由が明確でなくてはならない。SPF値について語るのであれば、このグラフぐらいは知っておかねばならない。違うかな？」

私は深く頭を下げた。

「おっしゃる通りです。私は何もわかっていませんでした」

班目は「ふぅ」とため息をつき、こう言った。

「なぜ君は、科学的に考えられないんだ？」

そして班目は続けた。

「これから一緒にやっていくためには、貴君にも科学的な視点で物事を語ってもらいたい。貴君らはスキンケアの製品を作るためにここに来た。であれば、私と満足が行く会話ができるようになってもらわないと困る。そういう意味では、今の貴君は落第点だ」

わかりやすい説明には「起承転結」がある

「はい……」私は蚊の鳴くような声で答えた。

「ひとつアドバイスをあげよう。貴君が用意した製品に関する資料と、貴君の説明はとても理解しにくい。起承転結がなっていない。例えば……」

班目はホワイトボードにさらさらと字を書いた。

「先ほどの貴君の話は、起承転結の転がなかった。このように、はじめの状況説明、次に問題提起、そしてなぜ解決されなければならない？　だからどうしたい？　という各段階を意識して、つながるように、それでいて簡潔な言葉で説明できなくてはならない。起承転結の形を意識することで、次に何をしなくてはならないかも見えてくる。**起承転結は一本道なんだ**」

起承転結という言葉は、中学や高校時代に、国語の時間に聞いたことがあった。国語の教科書に出てくるよう

起	**はじめの状況説明** ドクターズコスメは支持されている
承	**問題提起** しかし5年前に発売されてから、これまで改良されていない
転	**なぜ解決されなければならないのか** ……という問題があるため　……という状況を打開するため
結	**だからどうしたい？** ……という改良を行う

それぞれ起承転結がつながっているかどうか

［「起承転結」の構成］

な優れた文章は起承転結がしっかりしている……そのような、自分自身とは遠く離れた世界の話として記憶していた。

「さらに、貴君の説明にはいくつかの課題がある」

そういって班目教授はホワイトボードに次のようなことを書き出した。

- **数値で説明していないため、説得力がない**
- **一文が無駄に長く、理解しがたい**
- **どれが主語かわからず、論理的な文章にならない**

「これらの点を改善できれば、おのずと理解しやすい説明になる」

私は、ホワイトボードから目を逸らし、完全にうつむいていた。

打ちのめされていた。そして思った。どうしてこんなにも言われなくてはならないのだろう。

班目が言うことも理解できるが、初対面の相手に、ここまで言うものなのだろうか。「歯に衣を着せない」と片栗が言っていた言葉を、私は思い出していた。

ふと、班目は腕時計を見て、「おお、いけない」と叫んだ。

「これから会議がある。また来週きたまえ。もっと勉強してからな！」

そう言うなり班目は教授室から飛び出していった。

班目の白衣の背には、白と黒のまだら模様の兎のイラストが描かれていた。白衣の皺のせいでくしゃくしゃになった兎は「あっかんベー」しているように見えた。一瞬だけ目に入ったその兎のイラストは、鮮烈な印象として私の記憶に残った気がした。

私はあらためて、名刺に目を落とした。

教授　班目兎志男

兎の志を持つ男。いったい、どういう人なの？

それから私は教授室のなかでしばらく呆然と突っ立っていた。ゆっくり部屋を出て、歩き出した。どこに向かえばいいのか、一瞬、わからなかった。とにかく会社に戻ろう、と思った。

バス停で、駅の方向に向かうバスがやってくるのを待ちながら、私はだんだんと「なぜここまで言われなければならないんだ」という班目への怒りのような感情が緩やかに溶けていき、敗北感だけが手元に残っていくのを感じた。

班目がどれだけ異質な人物であれ、これから彼の担当として自分はやっていかなくてはならない。班目の質問に自分は何ひとつまともに答えられないのは事実だった。そして答えられないのは、自分が不勉強だからなのは明らかだった。文系出身だから、という言い訳は、彼の前では通用しないと思った。

私は仕事でいつも使っている分厚い手帳をカバンから取り出した。些細な事でも、気が付いたことをメモするために、分厚いものを選んで使っていた。そこに、記憶が鮮明なうちに、班目教授から言われたことを書き込んでいく。

すでに夕方に差し掛かっていた時刻で、四月の太陽は低い位置にあり、空気はひやりとしていた。そういえば出勤したときも寒かったな、と、手帳にメモを書きながら思い出した。まるで海の底のようだと。

海の底のような寒さを覚えた私は、ふと、マグロのことを想像した。

就職したての頃のことだろうか。マグロが泳ぎを止めたなら、死んでしまうという話を聞いたことがあった。それは自分だと私は思った。前へ進む動きをもし止めたなら、自分はこの東京の街で朽ち果てて、死んでしまう。

生まれ育った石川県から上京し、今の会社に勤めることになって、三年の歳月が経過していた。しかし、正直、仕事に慣れているとは言いがたい。むしろ、化粧品関係の企業の企画部という場所は、自分に合っていないと思える瞬間がたびたびある。

自分にはどんな強みがあるだろうか。何もない。少なくとも、ビジネス書を読んでいるという一点だけが、この社会にいても良いという、許しを与えてくれていたのかもしれない。

そして私はもう一度、アート思考のことを考えた。油絵の独特の匂いを思い出して、私は首を振った。

私は変わらなくてはならない。

山田の学びメモ

「伝え方」を科学的に考えると？

- 意味や定義をちゃんと理解できていない言葉は使わない

- 説明の「起承転結」が一本道になるように意識する

- 数値を用いて説明する
（意味をわかったうえで！）

- 一文が無駄に長くならないようにする

- 主語を明確にして話す

「ビタミンC」とか言わなきゃよかった…

班目教授の講座

1

時間目

「起承転結」は必ずしも万能ではない!?

「起承転結」は、人に物事を伝えるときの、基本的な構成と説明した。また、学術論文の冒頭である「序論・イントロダクション」の構成のベースにもなる。

しかし、「起承転結」を妄信することは、おすすめしない。「起承転結」の型に収まらない場合もあるからだ。

ここで、「起承転結」のそれぞれの意味を、おさらいしよう。

起…状況を説明する
承…問題提起・状況の変化
転…解決方法・状況の変化に対する対応
結…どうするのか・まとめ

例えば、「解決方法自体を一から考えよう」というテーマや、「そもそも何も変化を起こす必要がない物事・状況」を扱う場合などは、「起承転結」はふさわしくない。

私の経験では、高校や大学入試の「小論文」の問題などで、「起承転結」に当てはまらない出題テーマを見たことがある。「小論文」では必ずしも解決方法（＝転）や、どうするのか（＝結）を求めていない問題が出題されるためだ。そういう小論文の出題に対しては、次のような構成が自然である。

序論…状況説明・前置き
本論…具体例
結論…まとめ

じゃあ、「起承転結」は結局、役に立たないのか？

そうではなく、自分が他者に伝えようとするときに、構成を考えて、そしてそれぞれの構成が論理的につながるように説明する、ということを意識してほしい。

ある前提から出発して、理詰めで（相手の想像力を期待せずに）説得し、結論を示す。こうだから、こうだ……だから、こうだ。それぞれがつながっていなければならない、ということだ。

第二章

「論理的」な説明に不要なもの

～「プレゼン」を科学的に考える～

犬も歩けば棒に当たるという言葉がある。

犬がふらふら道を歩くと、犬が嫌いな誰かに見つかって、棒で殴られてしまう……そんな災難に遭ったりするかもしれない。犬小屋にこもってじっとしていれば良いのに、余計な行動を起こすべきでないとの戒めの言葉。

あるいは……行動を起こすことで、災難や、チャンスを得るなど、何らかの経験をすることができる。犬小屋にこもってじっとしていると、そのような経験はできないので、積極的に行動すべきであるという助言——。

起承転結は「一本道」でなくてはならない

班目教授との打ち合わせの帰り道、私は書店に飛び込み、学術書コーナーで肌に関する書籍を三冊買った。

ついでに、レジの近くに積み上げられていた『犬から学ぶ直観を大切にする生き方〜人生の〝ワン〟チャンスを逃すな〜』という、くだらないサブタイトルのついた新書も購入した。

思えば、昔から何か問題が起こるたび、書店に駆け込んでいた記憶がある。

例えば高校時代、英語でひどい点を取れば英語の参考書を買いに走り、国語で赤点を取れば古今和歌集を全巻揃えた。購入した書籍をしっかり読んで自分のものにすれば、問題は解決したのだろうが、たいていそういう本は、手元にあるだけで変に自分に力が付いたと勘違いしてしまい、数ページ書き込んだだけで放置され、他の興味ある本に目が移ってしまうことが多かった。

同じ過ちを繰り返してはいけない。私は帰宅するなり、テーブルに載っていたアート思考の本を棚にしまい、新たに買ってきた本を並べた。

それから、キッチンに吊り下げられていた木綿の手ぬぐいの中央に「打倒斑目」とマジックで書いて、頭に巻いた。

「ようし、やるぞ！」

私はまず、肌の構造について調べることにした。

まず、皮膚は表皮、真皮、皮下組織の三層で構成されている。表皮は皮膚の最表面の層で、さらに五つの層にわかれている。表皮の五つの層とは、角層、透明層、顆粒《かりゅう》層、有棘《ゆうきょく》層そして基底層である。

ここまでで、頭の中は十分に混乱している。なんでこんなに難しい言葉を使っているのか。

以前、死後の地獄に関する本を読んだことを思い出した。地獄には八つの階層があり、八熱地獄という。苦しみが軽い順に等活《とうかつ》地獄、黒縄《こくじょう》地獄、衆合《しゅごう》地獄……こんな言葉は覚えられたのに、皮膚に関する言葉は覚え難く感じられた。

肌の中で新しい細胞を作り出すのは、表皮の一番深い層である基底層である。ここで作られた新しい細胞は、徐々に表面に押し上げられて、やがて角層となる。年齢や部位によって異なるが、だいたい28日周期で、皮膚表面は入れ替わる。[3]

「……細胞って、どうやって分裂しているんだっけ？」

買ったばかりの本の目次をめくる。生物学や、班目が専門とする再生医療の基礎の本も購入しておいたのだ。

ひとつのことを調べれば、また別のわからないことが現れる。無間地獄のような繰り返しに、うんざりしてきた私は、いつの間にか四冊目の本を手に取っていた。

「犬も歩けば棒に当たるの棒って、チャンスって意味なの!?　なんで？」

私はハッとして我に返り、冷蔵庫の側面に吊り下げた鏡を見た。打倒班目と書かれた鉢巻きを見て、自分はいったい何をやっているんだと思った。

3）日東メディック.肌周期研究所.肌周期とは

いったん本を閉じることにした。班目教授の言葉を思い出す。班目教授は自分に、どのようにプロジェクトを進めていくかをプレゼンするように求めてきた。このプレゼンの内容を、班目が満足するように組みなおさなくてはならなかった。

ポイントとなるのが、起承転結だ。

はじめに状況の説明、次に問題提起、そしてなぜ解決されなければならないかを述べて、最後にどのようにして解決するべきかを示す。この各段階を、説得力のある形で示さなくてはならない。

私はA４用紙を机の中央に置いて、ペンを握った。

まず、「起」の部分。状況の説明だ。

どういう背景があって、その製品……ドクターズコスメを改良しなくてはならないかを説明しよう。売り出してから五年以上が経過したので、近年の消費者の消費動向に合わせた改良を検討したい、と私は班目教授に説明した。ふと、私の手に握られたペンが止まった。

近年の消費動向って何？　どういうニーズがあって、この製品をリニューアルしなくてはならないのだろう。私は「売り上げが落ちてきたからリニューアルするんだ」と思い込み、考えることなしに班目の前に立っていたのではないか。

消費動向について今から調べていたのでは先に進まないので、「要調査」というメモ書きをつけて、とりあえず先に進むことにした。

次に「承」の部分。問題提起だ。

五年前から変わっていない部分で、改良しなくてはならないポイントを明確にしなくてはならない。ここも「要調査」の結果、明らかになることだろう。

そして三番目の「転」について。なぜ、解決しなくてはならないか？

そこで私の手が完全に止まった。「要調査」としておいてけぼりにした、**そもそもの出発点である「消費動向」が明確になっていなければ、何も考えることができないのだ。**

「班目教授が言っていた、起承転結は一本道って、こういうことだったのか……」

私は腕を組んで、しばらく黙り込んだ。まず、出発点である消費動向についてのデータや分析がなくては、何も始まらないのだった。それらを調べなくてはならなかった。

データがあるから「仮説」を立てられる

消費動向の情報は、案外、身近なところにあった。長谷川先輩のプレゼンの中に、顧客アンケートの結果が含まれていたのだ。

彼はプレゼン資料の中に、そのデータを含めていながら、一瞬だけ「化粧品は価格設定も大切」という説明のところで触れただけで、次の話題に移っていた。そんな彼の一瞬の言葉の中にも、ちゃんとしたデータの裏付けがなされていることに、私は素直に驚いた。それと同時に、班目教授の相手を、私ではなく長谷川先輩がやればいいのに、とも思った。

長谷川さんが一瞬で通り過ぎた、消費者の動向のアンケート[4]結果は、次のとおりである。

4)C Channel株式会社.C Channel,FI層に向けて「スキンケア」に関するアンケートを実施(2020年7月9日)

質問：スキンケア商品の購入時、重要になることをすべてお知らせください。

価格	82・9%
肌に合う	82・2%
肌に優しい・刺激がない	60・5%
ネットの評判・口コミ	59・2%
つけたときの感触	49・3%
成分	35・5%

パーセンテージの数字が、全部を足して百を超えるので、複数回答を認めているということだろう。回答の上位は「価格」と「肌に合う」の二つが飛び出ている。

私はここで、妙なことに気がついた。

第三位の「肌に優しい・刺激がない」と第二位の「肌に合う」とは、どういう違いがあるのだろう？　肌に優しいことを肌に合う、と言うんじゃないの？

班目教授がこのアンケート結果を見たら、きっとこう言うだろう。

「貴君、この二つの違いを説明したまえ！」

さらに奇妙なのは、この二つの回答のパーセンテージの差は、21・7もある。それだけの人数の人が「肌に合う」ことを重視しつつ「肌に優しくなくていい・刺激があってもいい」と思ったということだ。両者には、たしかに違いがあるはずだ。

…………。

「ううん？　わけがわからんぞ」

ただひとつ、私が読み取れることがあるとすれば、「肌に合う」というキーワードが、その他のことよりも重視されていることだった。「感触」や「成分」よりも、である。

私はA4サイズのレポート用紙を机の上に置き、「要調査」と書き、その下に「肌に合う」と書き込んだ。

「ところで、どうしてこのアンケートは、こんな選択肢を用意したんだろう？」

私はもうしばらく考えることにした。そして私の横に、班目教授が腕組みしている姿を想像した。おそらく私が班目教授と出会っていなければ、こんなアンケート結果など、読み飛ばすか、無視していたかもしれない。

でも、今は違った。疑問に対して、班目教授のように考えてみよう、と思った。

「肌に合う」ことと、「肌に優しい・刺激がない」ことの差は何であろうか。自分がこれらの言葉を使う場合を考えてみた。

「肌に合う」という言葉には「効果」が関係しているかもしれない。つけた化粧品に対して、手ごたえを感じた場合に、私なら「肌に合う」と表現する。一方、「肌に優しい・刺激がない」という言葉には「効果」は含まれないのではないか。

もしこの考えの通りなら、「肌に優しい・刺激がない」という回答よりも上位に「肌に合う」が来た理由は、使用者は、つけた直後に効果が現れる即効性のようなものを期待していると考えられないだろうか。

私の考えは間違っているかもしれない。でも、今はこの答えでいこうと思った。私はレポート用紙の「要調査」のところに、「肌への即効性」と書き加えた。

それからしばらく、起承転結のストーリーに手を加えていった。起承転結の「起」

が定まれば、あとは言葉をジグソーパズルのように、はめ込んでいくだけだった。

最終的にレポート用紙は私の字ですっかり埋まっていた。**データを分析して、自らの頭で考えて、自分自身の言葉で説明することで、それを伝える言葉も自分のものになった**という実感が湧いてきた。

この内容で、企画課のメンバーに話をしてみよう。彼らの合意を取り付けたら、班目教授にぶつけてみよう、と思った。

気が付くと、午前三時になっていた。

「まずい！」

私は慌ててパジャマに着替えて、這うようにしてベッドにもぐりこんだ。

班目教授には、気をつけろ

「ふあーあ」

寝不足気味の私は社内の廊下で、大きなあくびをひとつした。そのとき、突然後ろから声をかけられた。

「文学少女君、昨夜は徹夜で読書かな？」

振り返ると、長谷川先輩が立っていた。グレーのスーツの下に覗くシャツの糊はしっかりと効いていて、清潔な印象を感じる。いつもの長谷川先輩だ。どこかのヨレヨレの白衣の教授とは違う。

私は彼の言葉に対して、首を振った。

「いえいえ、その、班目という名の、変な教授のとこに挨拶に行きまして……」

そこでケチョンケチョンに痛めつけられ、四冊の本を買って帰った話を彼にした。

「あはは。やっぱり山田さんは面白いね」

長谷川先輩は笑ってそう言って、それから急に真顔になった。

「……君が班目教授の担当になったという話は、片栗課長からも聞いたよ。まったく、課長たちは何を考えているのやら」

「どういうことですか？」

「班目教授には、本当に気をつけた方がいい」

長谷川さんは、私の耳元で語りかけるように言った。

片栗課長から班目教授の担当を指名されたときのことを私は思い出した。

班目教授は気難しい人だ。そう課長は言った。実際、会ってみると、まったくその通りで、一方的にこちらの不足した部分を追及し続ける、どちらかというと付き合いたくないタイプの人間だった。

「わかっていますよ。まぁ、ちょっとずつ、教授の要望に近づくように頑張ります。こちらが壊れない程度に」

長谷川さんは静かな声で、それでいて力を込めて、頷いた。

「そこなんだ。とにかく壊れないでいてくれよ。君の前にも壊れた人がいるからね」

「町村常務取締役のことですか？」

長谷川さんは一瞬、ひどく驚いた顔をした。そして意外なことを言った。

「町村さんではなくて、別の人だ。町村さんのあとに、もう一人担当がいて、その子がすぐに壊れた。会社も辞めた」

初めて聞く話だった。

「担当が二人もやめたんだ。だから私は心配でね」

「……長谷川先輩。そんなに私のことを」

「うん。君がつぶれたら、次は私の番かもしれない。それは困る」

私たちの近くを、女性社員が通り過ぎようとしていた。じゃあ、と言って長谷川先輩は、手を振りながら去っていった。

「まぁ、そうですよねぇ〜」と私はつぶやいた。


町村常務取締役の他に、班目教授の担当が一人いて、その人はすぐに会社を去ることになった。その話は私にとって重大な情報だった。しかし、今はそのことばかり考えている余裕はない。班目教授のところへ行き、プレゼンのリベンジをしなくてはならなかった。

都営バスに乗りながら、プレゼン資料を読む。読みながら、やはり二人目の、辞めてしまった担当者のことを考えてしまう。

正直に言うと、不思議なのだ。班目教授はたしかに変人だ。付き合いたい人か、そうでない人かというならば、自信を持って後者であると断言できる。でも、片栗課長や長谷川さんが言うほどの危険人物なのだろうか。

先の企画についてのプレゼンでは、たしかに私も泣きそうになった。現に私は四冊の本を買った（一冊は犬の本だが）。本は全部で一万円近くかかった。私はダメージを受けたのだ。

しかし、班目教授の言動には、突き放すだけではない、何かがある。

「貴君のここがいけない。だから、こうした方がいい」

そういう、相手のことを考えて、良くしようとしてくれる言葉がある。だから私は四冊の本を買ったのだと思う（しつこいが、一冊は犬の本）。

私は班目教授の白衣の背中を思い出す。兎のイラストを堂々と背中に背負う人間が、そんなに悪人には思えないのだ。

悶々としながら、私は教授室の前までやってきた。ここまで来て、私はひるんだ。ノックしようか、しまいか悩んでいると、ドアが勝手にあいて、中から件の大男が飛び出してきた。

「おお、貴君か。すまない、今日、大学の外で講演会があることをすっかり忘れていた！　今から行かなくてはならない。君とのミーティングは明日にしてくれ！」

そうして走り去る白衣姿の班目教授。やはり背中には、くしゃくしゃになった兎のイラストがあり、「あっかんべー」していた。

「……なんなのよ、もう、あのウサギ!!」

彼の姿が見えなくなって、緊張が失われたせいか、私は一気に脱力した。

ふと、教授室の扉に貼られたポスターが目に入った。

「美容と再生医療」
一般講演会　　演者：班目兎志男教授

「こんなにでっかいポスターを貼っておいて、講演会を忘れるってことある？」

私はまじまじとポスターを見た。文字の周りがぐるっと兎の顔の形に縁取りされたそのデザインは、演者本人が作ったものだと推測できた。もしくは、ポスターのデザイナーがいたとしたら、班目教授のリクエストに相当に困惑したに違いない。

そのポスターはあまりにも班目教授の教授室の扉と一体化していて、教授本人はスケジュールのことを完全に忘れていたのかもしれない。まさか。

私は、ポスターのある文字をじっと見た。一般講演会、と書かれている。

私のことをケチョンケチョンにした彼が、一体どんなプレゼンをするのか、見てやろうと思った。

起承転結のある「科学的」な説明とは

今日は足元も悪い中、私の話を聞きに来てくださいまして、ありがとうございます。ああ、今日は晴れでしたね。すみません、用意した原稿にそう書いてあるのです。あはは。

さて、本日の私のお話は、美容と再生医療というタイトルです。肌の再生医療の研究を行っている私が、今の美容業界との関係や、最新の技術、そして美容業界のおかしな部分についても語りたいと思います。

昨今では、美容は年齢や性別を問わず多くの人の関心事となりました。ニーズの高まりに呼応するように、美容業界の競争も激化の一途をたどっています。例えば化粧品においては、「肌の奥深くまで優しく浸透します」といったアピールをするものもあります。ですがみなさん、肌の奥深くって、具体的にイメージできますか？

実はわずか0・01ミリほど、角質層までなのです。それ以上の浸透は法律によって禁止されています。どの商品も「ちゃんと効果的」になった現代では、表現によるアピール合戦が加速しているのです。

一方で、効果の面で注目を集めているのが、「再生医療」です。

再生医療とは、人体の組織が欠損した場合に体が持っている自己修復力を上手く引き出して、その機能を回復させる医学分野です。最近の再生医療の分野では、最先端テクノロジーとも言える幹細胞を使った治療が行われています。そして2017年ごろから、肌の分野でも、幹細胞を皮膚に直接注射したりすることで、肌の損傷した部分の修復が促されるなど、肌へ良い効果が現れることが研究[5]によって明らかにされてきました。

ここで、幹細胞について説明しましょう。

私たちの身体は、一説には六十兆個もの細胞でできていると言われます。体が健全な状態を保つためには、古くなった細胞を除外し、新しい細胞と入れ替えたりと、ダメージを受けた細胞を修復する必要があります。

5) Demchuk MP et al., *Journal of Regenerative Medicine*, Volume 6(1), (2017)

新しい細胞を作るときに登場するのが幹細胞です。幹細胞はさまざまな身体の組織に分化できる細胞です。例えば血液に含まれる白血球も赤血球も血小板も、もとは同じ幹細胞から作られます。

このような幹細胞ならではの性質を応用して、病気やケガなどでダメージを受けた組織を治療する再生医療が考えられ、現在もさまざまな研究が行われています。化粧品ではかなわない、完全な修復が可能であるという特徴を持っています。

ただし、幹細胞を用いた再生医療は、厚生労働省が認めた委員会によって、治療方法の妥当性や安全性はもちろん、医療体制や幹細胞の加工管理体制についても、厳密に審査されます。[6] 審査が通った後、厚生労働省に治療計画を提出し、受理されて初めて治療が可能となります。すなわち、現在の状況では、再生医療による肌への美容は、一般的な選択とはなりえません。なぜ厳密になったかというと、過去に幹細胞を利用した治療によって、感染や異物混入や血管塞栓などの重篤な健康被害が生じたためだと言われています。

そこで私の研究室では、厳密な審査を必要としない、幹細胞自体を用いない再生医療を目指す研究を行っています。人工的に、幹細胞の機能を再現するような仕組

6)再生医療等の安全性の確保等に関する法律(平成二十五年法律第八十五号)

みをつくり、ダメージを受けた部分に与える。幹細胞を用いずに、幹細胞を再現しようとするものです……。

会場は百人くらいが入れる、駅前のありふれた公共施設の一室で、席は七割くらいが埋まっていた。その中に埋もれながら、私はじっと教授の話を聞いていた。

班目教授のプレゼンはくやしいことに理解しやすかった。

化粧品が角質層にしか届かないことは、多くの人も含めて初めて聞いたことかもしれない（恥ずかしながら自分も昨日までその一人だった）が、彼の言葉はわかりやすく、素人の自分にも理解することができた。幹細胞などという、話のコアとなる難しい言葉は、時間をかけて解説が付け加えられた。

自分だったらどうだろう？　難しい言葉を、説明なしに使ったり、あるいは本当の意味も知らずに「知ったかぶり」のためや「けむに巻くため」に使っているかもしれない。

そして班目教授のプレゼンには、私に注文した『起承転結』が明確に示されていたと思う。

起：昨今の美容業界では、効果より表現によるアピールが重視されている
承：幹細胞を用いた治療なら、化粧品ではかなわない、完全な修復が可能である
転：だが、特定認定再生医療等委員会の厳密な審査が必要で、一般的とならない
結：そこで、厳密な審査を必要としない、幹細胞を用いない方法の開発を行う

このように起承転結を書き出して、私はあることに気がついた。優れたプレゼンとは、起承転結がしっかりとしているのと同時に、**簡潔な文章で起承転結のそれぞれが表現できるようなもの**を意味するのではないのだろうか。


班目教授のプレゼンを分析しながら建物を出ると、ちょうど教授がタクシーに乗り込もうとしていたのが目に入った。

教授は私を見て「貴君、なぜここに？」と大声で言った。

「いえ、ポスターを見まして……」

私はタクシーに近づいて行った。

ふと、このままタクシーに乗り込んでしまおうか、と思った。

それは、『犬から学ぶ直観を大切にする生き方〜人生の〝ワン〟チャンスを逃すな〜』の影響だ。

実は私は、この犬の本を読破していた。このわずか一日の通勤時間やトイレ時間で読み終えてしまっていたのだ。二百ページもあったが、大切なことは一文で表すことができる、実に費用対効果の低い駄本であった。しかしタイトルに含まれたその一文は、今まさに私にとって大切な言葉だっただろう。

人生の〝ワン〟チャンスを逃すな

次の瞬間、私は班目教授の隣に座りこんだ。

「貴君……?」

私がにこやかな表情を浮かべると、班目教授は「ふぅむ」とひとつ息を吐いて、タクシーの運転手に告げた。

「じゃあ、さっき言った場所まで行ってくれ」

「指示代名詞」を徹底的に排除する

「貴君は講演を全部聞いていたのか？」

タクシーが走り出すと、班目教授は尋ねてきた。

「はい、はじめから終わりまで」

それから私は続けた。

「はっきり申し上げて、大変わかりやすい講演でした。私のような素人にも良く理解できるプレゼンでした」

「素人では困るよ、貴君」

班目は笑った。私も思わず笑った。

「……わざわざ、タクシーに乗りこんで来たということは、何か私と話したいことがあったんじゃないかね」

「ええ。聞きたいことは山ほどあります。質問よろしいですか？」

「貴君の勢いに免じて許そう。なんでも聞きたまえ」

「班目教授がプレゼンで大切にしていることをひとつ教えてください」

「ふぅむ」と彼はひと呼吸おいて、続けた。

「私はプレゼンのとき、指示代名詞を使わないように心掛けている。今、このカバンの中に今日のプレゼンの原稿が入っている。読んでみたまえ。『それ』『これ』『あれ』という単語がいくつあるかな?」

私は班目教授から渡された数枚の紙を受け取った。タクシーの運転手が気をきかせて車内のライトをつけてくれた。

紙には先ほどの班目教授のプレゼンの、一字一句が書かれていた。私は「それ」「これ」「あれ」という指示代名詞を探した。ひとつも見つからなかった。私は意地をはって、はじめから三度、読み直した。タクシーの揺れのため、だんだん気分が悪くなってきて、やめた。

「うぷ……たしかに、指示代名詞はひとつもありませんでした」

「指示代名詞は便利だ。文字の文章では私もときどき使用する。しかし、プレゼンの原稿となれば別だ。音声として聞く言葉の中で、『それ』という指示代名詞を耳にすると、一瞬思考が止まる。それって何だっけ？　と記憶をたどる。数秒前にプレゼンターが言っていたあのことかと思い至る。その間に、プレゼンターはもう別の話を始めている。文字で書かれた文章であれば、本人のペースで読み進めることができて、しかも文字という形で『それ』が何かを探しにいけるが、口頭ではそうはいかないのだ」

「なるほど……」私は頷いた。

「もちろん、**指示代名詞は具体性を欠くという側面も持つ。できる限り使わない方が、論理的な文章になる。**文字で書かれた学術論文だって同じで、指示代名詞は、直前の文章の主語を指す以外には用いない」

タクシーは渋滞のため停車した。時刻は午後八時を回ったあたりで、街はにぎわっていて、道には車があふれかえっていた。目的地までは、もう少し時間がかかるようだった。

「もう一つ貴君にアドバイスしたいことがある。その原稿を読んでみて、どう思う？」

私は車酔いしないよう注意深く、原稿から目を離して、もう一度冒頭部分を読み返してみた。

今日は足元も悪い中……というくだりも、原稿に書かれていた。

「講演会では、ここにある原稿のとおりにお話しになっていますね」

「そのとおり。わたしはひとつのプレゼンのために、入念に原稿を作り、三十回は練習する。**練習する中で、詰まる場所は、言葉が悪い場所なのだ。**そして私のセリフが止まるということは、聴衆の理解もそこで詰まる。言葉は音楽のようなもので、それが途中で詰まるということは譜面が悪いということであるため、修正するのだ。天気予報を信じたため、冒頭の挨拶は修正し忘れたがな。そして何度も繰り返すことで、体と口が覚えて自分のものになる。これまで何百回と講演を経験し、教授職についた今でも、その習慣はやめない。貴君も参考にすると良い」

今日の講演会のスケジュールも忘れているのに、こんなに入念に準備をしているとは、私は思いもよらなかった。班目教授は、たしかに色々なことを言ってくるが、その背景には大きな努力に裏打ちされた物事があるのだと思い知ったのだった。

そのプレゼンを、あなたの「嫌いな人」が話していたら？

「ところで、貴君は嫌いな人とか、苦手な人がいるかい？」

突然、思わぬことを聞かれて私は驚いた。苦手な人ならば、今、目の前にいると言いそうになって、やめた。

「嫌いであったり、苦手な人物がいるというのは、プレゼンの練習のためには良いことだ。例えば自分が作ったプレゼンを、**自分が嫌いな人間が作ったものだと想像して見直すんだ。**『アイツが作ったプレゼンなんて、めちゃめちゃに文句つけてやれ！』と思うことで、見直しの精度はぐっと上がる。自分のプレゼンというのは愛着があるもので、なかなか大手術しようとする気にならないものだからね」

なるほど、と思いつつ、私は気になることを尋ねた。

「班目教授は、嫌いな人物はいるんですか？」

対向車線の車が、道行く他の車に対して、プァンと短くクラクションを鳴らした。

一瞬の間があって、彼は答えた。

「そりゃあいるさ。話のわからない教授、問題の本質が見えていない学会のお偉いさん方、きりがないよ。それに……」

班目教授は私の顔を見た。

「えっ……私？」

「違うよ。君の前任の……」

私は体が硬直するのを感じた。なにか、とんでもない秘密を聞き出そうとしているような気がした。

「正確に言うと、前任の前任かな。彼は私のプレゼンの向上に大変役に立ってくれたよ。あはは」

前任の前任……町村常務取締役だ。やはり、班目と何かがあったのだ。そして班目教授の言葉には、もう一つ、大切な情報が含まれていた。

私がまだ知らない前任者は、班目教授としての印象は悪くない……？

それから数分、班目教授は沈黙し、窓の外を見ていた。私も、何をどう聞き出したらいいか、わからなかった。そうこうしているうちに、タクシーは停車した。目的地に到着したようだった。

班目教授はタクシーの代金を支払うと、私に向き合って、言った。

「今日は貴君のプレゼンを聞くことができなくてすまない。明日でもいいかな？」

「はい、よろしくお願いします」

私は頷いた。

「では、また明日」

颯爽と去っていく班目教授。彼の背を見送りながら、今日もまたいろいろなことがあったな、と思った。そして、あたりを見回した。見覚えのないマンションが、十何棟と並んでいた。街頭の明かりが、一直線に並び、まるで地平線の向こうまで続いているようだった。タクシーが一台も通らないどころか、野良猫の一匹もいやしない。一体、ここはどこなのだ。

「やっぱり……あいつは嫌なやつだ！」

私は人っ子ひとりいない、真っ暗で寂しい道路の真ん中で叫んだ。

山田の学びメモ

「プレゼン」を科学的に考えると?

- 筋が一本通った起承転結を意識する
- データがあるから仮説が立てられるし、自分の言葉が生まれる
- どれほど小さくとも、主張には根拠となる科学的裏付けが必要
- 指示代名詞には気を付けよう(聴衆の理解を妨げる)
- 機械的に練習を繰り返すのではなく、「客観的に」自分のプレゼンを見直そう
- そのためには、「嫌いな人がつくったプレゼン原稿」だと思って厳しい目で見直すとよい

「班目教授が作った」と思って、
自分のプレゼンを見直そうかな

班目教授の講座

2

時間目

「人に伝える」ときに、何が起こっているのか？

自分が書いた文章であれ、プレゼンのための原稿であれ、発表する前に自らで声に出して読み上げてチェックすることはとても大切なことだ。

自分で読んでみて引っかかる場所は、相手にとっても理解しにくい部分であるし、もちろん自分が理解不能なところは、もちろん相手も理解不能だ。

では、どうしてそう言えるのだろうか？

私たちは文章を読むとき、無意識的に音声に変換する癖があるらしい。

Vilhauer氏は、英語圏最大のQ＆Aサイト「Yahoo Answers」に投稿された質問のシステムを利用して、ある研究[7]を行なった。

その結果から、本などの活字媒体を読む際に、声に出さずに黙読していても頭の

7) Ruvanee P, *Vilhauer, Inner reading voices, psychosis*, 8(2016), 37-47.

中で文章を読み上げる「声」が聞こえる、という人が8割以上を占めていることを明らかにした。

また、認知心理学を研究する髙橋麻衣子氏は、私たちは活字媒体を理解するときに、声に出して読む（いわゆる「音読」）方が、黙って読む（黙読する）ことよりもより理解できるという実験結果を報告した[8]。

このように、音声で文字情報を理解しようとする行為は、私たちが無意識的に行っていることだと言える。

従って、私たちが自分で作った文章やプレゼン原稿を声に出して読むこと

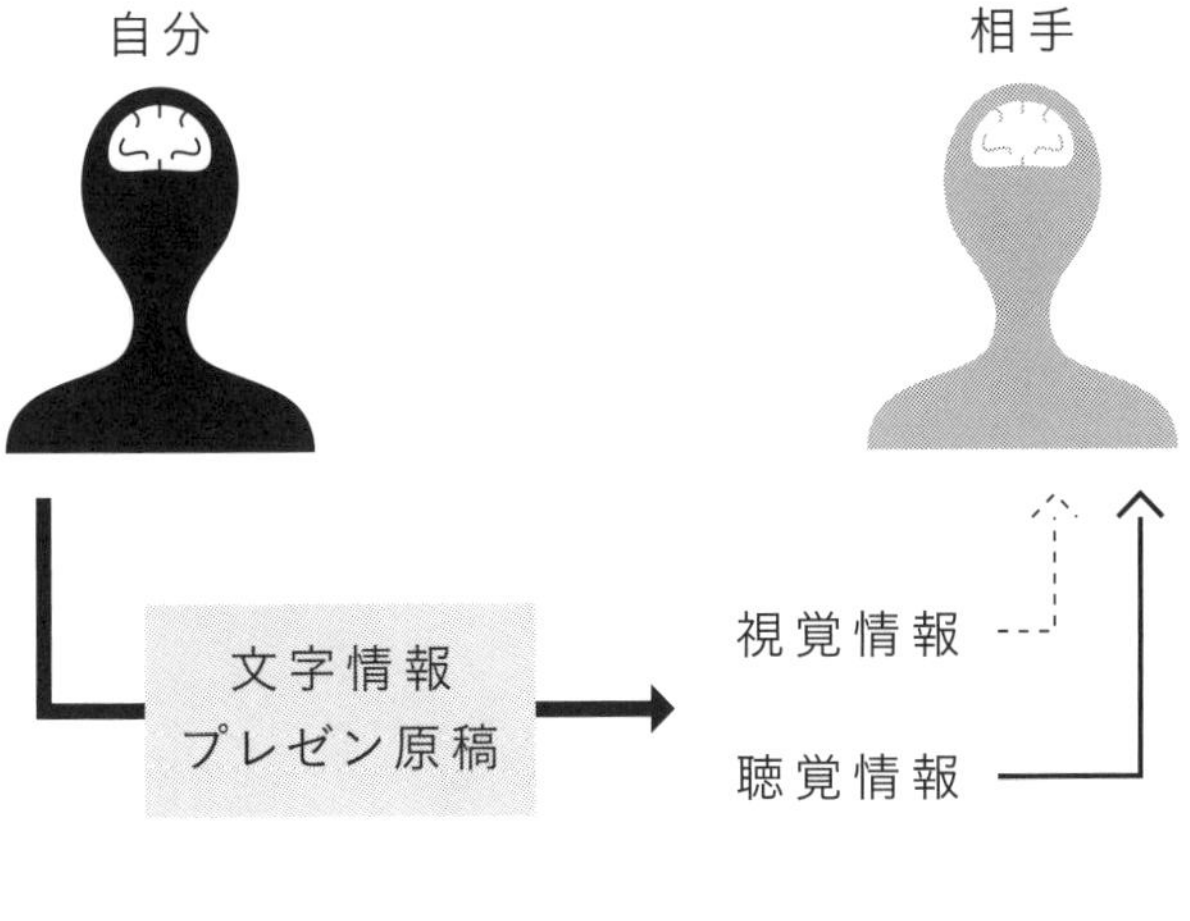

［プレゼン内容は相手にどのように伝わるのか？］

は、他人の脳内で起こる現象を再現していると考えられないだろうか？

そこでもし詰まったり、理解しにくいことがあれば、他者もやはり同じような状態になってしまうということだ。

8）髙橋麻衣子．人はなぜ音読をするのか．教育心理学研究．61巻1号．p.95-111，2013.

第三章

心を乱す「粒子」との向き合い方

～「人間関係」を科学的に考える～

エヴァリスト・ガロア。フランスのブール・ラ・レーヌで生まれた数学者。十二歳で、すでに数学に対して素晴らしい才能を見せていたが、教師には評価されず「つまらない質問をして教師を困らせる」と評された。

また、パリ科学アカデミーに送った論文も、誰にも見られることなく、そのまま紛失されたという。

彼は、この世界のくだらないわからず屋たちへの激しい怒りを抱いた。そして数学に対するたぐいまれな才能を持ちながら、革命思想と政治運動の中に飛び込んでいった。そして理由のよくわからないいざこざに巻き込まれ、やくざ者と決闘する羽目になった。決闘の前夜、時間に追い立てられながら数学に関する最後の論文を書き、翌朝の決闘で、命を落とした。

暗雲の立ち込めるランチ

長谷川さんは実に美しくサーモンのムニエルを食べる。ナイフで適度な大きさに切りそろえ、上品に口に運ぶ。

今、私は職場近くの、手ごろな値段で食べられるフランス料理店でランチを取っている。

この様子を他の女子社員に見られたら、何か陰で言われるかもしれないが、そんなことは気にしないでおくことにする。長谷川さんが昼前に、私のデスクのところにやってきて、こんな会話を交わしたのだ。

「山田さん、大事な話があるんだけど。ちょっと食事にいかないかい？」

「それって、仕事に関することですか？」

「それ以外に君に話をすることなんて、何がある？」

わざわざ仕事のことかと確認する私も大概だが、きっぱり言いきってしまうところも長谷川さんらしい。そんな長谷川さんのことを、私は嫌いじゃない。

長谷川さんにとって、私はワン・オブ・ゼム、その他ごろごろいる女性社員の一人にすぎない。少しだけ価値があるとすれば、自分が担当したくない班目教授の連絡役という、いわば「班目防波堤」であるという、この一点だ。


「それで……本題なんだけど」

長谷川さんが水を一口飲んで言った。

「町村常務が日本に戻ってくる」

「えっ⁉」

私は口に運びかけていたパイの包み焼きを落としそうになった。慌ててお皿に戻そうとしたら、パイの具が全部テーブルの上に落っこちた。

「マレーシアの支社での仕事がひと段落したということで、この東京本社に戻ってくることになった」

長谷川さんは手にしていたフォークを皿の上に戻して、それから注意深く言葉を選ぶように、ゆっくりと言った。

「私は一度だけ会議で町村さんと同席したことがある。まさに敏腕というか、パワフルというか……何か物事を決めるときの決断力、人々を引き付けるカリスマ性、そういうものを備えた人だった。あの人の仕事ぶりをまた目にすることができるのは、ビジネスパーソンにとって何よりの勉強になる。そこいらの書店に並ぶビジネス書の百冊にも勝るだろう」

長谷川さんの言葉を聞いて、私は微妙な気持ちになった。長谷川さんは、私が本を好きであることを知っているはずだ。実際に目の前にいる人から学ぶことも多いけれど、わざわざ私の前で本を貶《おと》さなくても……。

でも、長谷川さんにとって私は「班目防波堤」なのだから、私がどう感じようがどうでもいいだろうし、誰にでもそういうことを気にしない性質なのかもしれない。

長谷川さんは、町村常務が戻ってくることを好意的に受け止めているようだ。しかし彼の表情は、まったく嬉しそうに見えなかった。

私は気になることを訊ねた。

「それで……どうしてそんな話を私に？」

「君が班目教授の連絡役だからだよ」

彼はひと呼吸おいて、続けた。

「以前に話したことの続きを話そう。班目教授とわが社にはトラブルがあった。具体的に言うと、班目教授と町村常務の間にだ。町村さんから言わせれば、班目教授の相手などやっていられるか、ということになり関係は解消。町村さんはマレーシアへ異動した。それからまもなくして、共同研究はいったん休止。そういう一件があったから、君は注意するべきだ。万が一、町村さんに班目教授のことを聞かれたら、けっして、班目教授を褒めるようなことを言ってはいけない」

私は頷いた。

「大丈夫ですよ、褒める要素はどこにもないですからね」

長谷川さんは笑った。

「それでいい。君はNジェネティクスの人間だ。班目教授か町村さんか、どちらか選べと言われたら、町村さんを選ぶ。それは常識だろう。それでいい、それでいいんだ」

まるで長谷川さんは、自分に言い聞かせるように言った。

正直、私は長谷川さんの考えが、いまひとつ理解できなかった。たとえ町村さんと班目教授が喧嘩していたって、それは私には関係ないことだ。私はただこの共同研究がうまくいくようにすればいいはずだ。こういう考えを、子供だというのだろうか？

「……ご心配頂き有難うございます。肝に銘じておきます。それで、この話って、私のことが心配だというより、長谷川さんが困るからですよね？　私が町村さんに怒られて連絡役を解任されたら、次は長谷川さんが連絡役になるから……？」

「その通りだよ」

と長谷川さんはきっぱりと答えた。

店を出た私たちは、その場で別れた。私は班目教授に会いに行かなくてはならなかった。先日のプレゼンのリベンジだ。今、私のカバンの中には、修正したプレゼン資料とノートパソコンが収められている。

長谷川さんは会社に戻るため、私とは反対方向へと歩き始めた。

本当は、彼にひとつ聞きたいことがあった。前任者の話だ。

班目教授と町村常務が仲違いして、町村さんがマレーシアへ異動して、共同研究が休止した。この間に、大切なことがひとつ抜け落ちていないか？　ひとり、連絡役の前任者が存在するはずなのだ。

その人は、長谷川さんの言葉では「つぶれた」と表現された。一体、いつ、何が起きたのか。私たちがムニエルとパイを食べる時間では、とうてい聞き出せない話だった。

距離は長さでしか測れないし、温度は高さでしか測れない

その日の午後、私は班目教授の元を訪ねた。先日のプレゼンのリベンジを果たすために。

私は用意した資料を見ながら説明した。

「近年、情報化社会の流れを受けて、購買層はさまざまな情報に触れることができるようになりました。化粧品業界においては、『肌に優しい』や『オーガニック』などの化粧品の性能を表現する言葉が氾濫し、顧客にとって本当に大切な情報や、

信頼性が伝わらない状況だと思います。とにかく情報量が多い。そこで私たちが注目するのが、ドクターズコスメです。専門家の知見に裏打ちされた製品であることは大きな信頼性を持ち、その他のいくつもの言葉よりも強力に、正確に、顧客に伝わると考えています」

私はチラリと班目教授を見た。彼は黙って私の話を聴いていた。

「一方で、わが社が班目教授と共同で開発したドクターズコスメは、五年前に開発したもので、それ以降、見直しが行われていません。改良を加えなければならない理由は、消費者の動向の変化があるためです。ここ直近の動向を調査した結果に基づく商品開発を継続することで、今後も長くこのシリーズを継続できると考えます。そこで私が着目したのが、アンケートから見えてきた『肌への即効性』というキーワードです。つきましては私が提案したいのは、すぐに肌に効果がある、効果があると感じられる製品です」

班目教授は椅子に深く腰掛け、足を組んで私をじっと見ていた。私の話が終わっても、しばらくそうしていた。

「うん、良くなったよ。はじめよりずっと」

私は全身の力が抜けたように感じられた。溜まっていた涙が流れ出しそうになった（泣かなかったけれど）。

「起承転結も明確になった。どのような分析に基づいて、何を改良していくのかが明確になった」

よくぞ言ってくれました、と私は心の中で叫んだ。先日、班目教授に説明された起承転結の流れに、自分のプレゼンしたい内容を落とし込んでいったのだ。特に起承転結のそれぞれの中で、言葉がつながることを意識した。例えば、

起：**ドクターズコスメ**という言葉の信頼性は強い。
承：わが社が開発した**ドクターズコスメ**は五年間**見直し**が行われていない。
転：**アンケート**の結果から、**見直し**を行いたい。
結：**アンケート**の結果「すぐに肌に効果がある、効果があると感じられる製品」が求められていると判断し、これを提案した。

班目教授のアドバイスのとおり、**起、承、転、結のそれぞれの言葉の間で、言葉がリレーするようにした**。こうすることで話が頭からお尻までつながるのだ。私はこの方法を『言葉のリレーの公式』と名付けることにした。

班目教授はにこりと笑って、続けた。

「プレゼンの構成は良くなったが、まだ満点ではない」

「満点じゃないんですか」

私は一転して、悲しそうに言った。

「まず言葉の問題。『信頼性』は『大きい』とは言わない。『信頼性が高い』と言えば正しい。なんでも『大きい』または『小さい』で表現してしまう人もいるが、あれは乱暴だ。他にも表現を間違えやすい形容詞がたくさんある」

	誤		正
信頼性：	大きい・小さい	→	高い・低い
距離・長さ：	大きい・小さい	→	長い・短い
温度：	熱い・冷たい	→	高い・低い

「日本語とは不思議な言葉で、形容詞が多少間違っても、なんとなくニュアンスが伝わってしまう。でも科学の世界では、間違った文章のままでは意味が通じない。なぜなら形容詞は測定方法と関係があるからだ。**距離は長さでしか測れないし、温度は高さでしか測れない**。形容詞の表現を間違うと、実験の方法が正しく伝わらないのだ」

「……たしかに、温度が熱いって、日常会話では口にしてしまいますが、温度は数字で表されるものなので、熱い冷たいではおかしいですね」

その主張には「適切なエビデンス」があるか？

「あとは、具体性や科学的な根拠が弱い。例えば『ここ直近の動向を調査した結果』と言ったが、誰に聞いたどんな調査なのか？　調査方法は合っているのか？　もし私がエアコンのセールスマンだったとして、近年の日本家屋の室内の温度上昇を示

4)C Channel株式会社.C Channel,F I 層に向けて「スキンケア」に関するアンケートを実施(2020年7月9日)

すのに、北極の氷山の面積が減ってシロクマが困っている話をしても説得力がないだろう。日本家屋の温度と氷山の面積は、直接的に関係がないし、指標も部屋の『温度』と氷山の『面積』では異なる」

私は手元のメモを慌てて見なおした。

「動向を調査した結果というのは、F1層がスキンケア購入時に重視することは何か、という調査です。発信したのは[4]C Channelという企業です」

私は、長谷川先輩の資料に書かれていた情報元を、そのまま読み上げた。

「ちゃんとメモを取っていたのはよろしい。貴君のプレゼン資料の中に明記されていれば、もっとよろしい。このように、その情報がどこから来たのかを示すことを『出典を示す』などと言う。学術論文の場合は『参考文献』と呼ぶ[9]。これらの根拠が示されていることで、プレゼンに説得力がもたらされるのだ」

そうなんだ。単純に「こんなことが書かれていました」だけでは、証拠にならない。それなら、私がでっち上げることだってできる。

出典を示すことで、「ちゃんとした調査に基づく話です。疑うのならば出典を調べてみてください！」と、胸を張って言うことができる。長谷川先輩のプレゼンは、

9) 市原 A・エリザベス. ライフサイエンスにおける英語論文の書き方. 共立出版, 1982.

それらができていたから、説得力が感じられたのだ。

「貴君、なんだか悟りを開いたような顔をしているが、まだまだ指摘することがあるぞ。F1ってなんだ?」

「へっ、エフワン?」

「貴君が参考にした調査の中にあった言葉だろう?」

班目教授はあきれ顔になって言った。

「ああ……F1層ですね。これはマーケティング分野の表現で、20~34歳の女性という性別と年齢層を表す言葉です」

「うん。じゃあF1は君が製品を売り込みたい年齢層と合致しているんだね?」

「えっ……」

言葉が止まった。そこまで考えていなかった。

「F1層の特徴は?」

「一般的に、F1世代は、消費意欲が強く、特に美容やスキルアップなど、自分自身の向上のためにお金をかけることを惜しまないと言われています。一方で、社会人になって十数年までの層を含むので、経済力は他の層に及ばないという一面も持ちます」

「F1層の次の世代はなんて言うのかな?」

「F2層と言います。35〜49歳の女性を意味します。このF2層の女性は既婚者も増え、家庭内での重要なポジションを確立し、購入する商品の決定権を持つことや、F1層と比較して購買力もあるのが特徴です。そして、化粧品に対する考え方には、F1とF2には大きな差があります。それは前者が美しさを、後者は健康に対する意識が向上していると言われていることです」

「じゃあ、どうして貴君はF1層に注目したんだ?」

「それは、F1層に受け入れられれば、継続してF2層でも使用してもらえるという予測ができるからです」

「だとすると、我々はF1層だけに注目していて良いのかな?」

私はしばらく沈黙して考えた。

「……ドクターズコスメは、どちらかというと、比較的年齢の高い層に受け入れられてきた製品かもしれません。また価格も高めに設定している場合があります。もちろんF1世代もターゲットに含まれるのですが、F2世代も含めなければいけません……」

「柔軟な姿勢で実によろしい。もしF2世代も我々の開発する商品のターゲットだとして、F2世代の商品に対するアンケート結果がF1層のそれとまったく異なるものであれば、貴君は主張を考え直さなくてはならない。自分が主張したいことに対して、適切な証拠を用いなくてはならないということだ。**注意するべきは、自分に都合の良いデータだけを集めてきて、主張を作ることだ。**例えばAという主張をしたいとする。九割の意見がBであるのに、自分にとって都合の良い一割のAという意見を集めてきて主張を形成する……これが一番やってはならないことだ」

班目教授の話を聞きながら、私はまた涙目になってきた。

「……プレゼンを作るって、本当に難しいことなんですね……ううっ」

班目教授は首を振った。

「難しいことなんてない。約束事は一つだけだ。どれだけ物事に対して誠実であるか、だ」

班目教授は厳しい表情のまま、私に向き直った。「誠実」という言葉を聞いた私は、なんだか自分が誠実な人間ではないと言われたような気持ちになって、さらに悲しくなった。

ふと、班目教授は厳しい顔つきをやめて、言った。

「君は物理学者のファインマン先生を知っているかい？」

「いいえ」私は素直に首を振った。

「ファインマン・ダイヤグラムでノーベル物理学賞を受賞した学者なんだが、彼は実に面白い人物だ。ぜひ自伝などを読んでみるといい。彼はカリフォルニア大学の卒業式の式辞で、ある興味深い話をした。ある日、ファインマン先生はとあるメーカーのフライ用の油の広告を目にしたという。[10] そこには『揚げ物の材料に染み込まない油』という謳い文句が書かれていた。彼はこの広告は必ずしも嘘ではないものの問題があると述べた。どこに問題があるか、貴君にわかるか？」

少し考えてみたが、わからなかった。私はまた首を振った。

「実は、ある温度で処理すれば、どんな油も食物には染み込まないんだ。逆に言うと、この会社の油であろうが他の製品の油であろうが、ある温度でなければどんな油だって食材にはやはり染み込む。結論として、ファインマン先生はこの広告のことを『暗示』であると表現した。暗示と事実には違いがある。そして我々は**恣意的**

10）R.P.ファインマン 著.大貫昌子 訳.ご冗談でしょう、ファインマンさん（下）.岩波書店，2000.

な暗示に頼らない、誠実な表現を心掛けなければならない」

班目教授と開発するドクターズコスメの在り方については、さらに検討を続けることになった。二歩進んで一歩下がる、まるで水中を歩くような気分だった。重い足取りで、大学から会社へと戻った。バス停までの下り坂を歩きながら、班目教授は誠実な人かと考えていた。間違いなく、彼は誠実な人なのだと思う。私の誤りは指摘するし、正しい所は褒めてくれる。

彼と一緒に仕事をするのは、ゆっくりとした歩みで、とても大変なことなのだが、この方向は間違っていない、そう私は思った。

「溶鉱炉の炎」の凱旋

Nジェネティクス社の一番大きな部屋である大会議室に、社員が整列していた。面接試験のときにしか会ったことがない、会社の上層部の面々……総務部長、常務取締役、そしてNジェネティクスの社長が、私たちに向き合うようにして立っている。

そこに見慣れない男性がひとり加わっていることに気が付く。

がっしりとした体に、短く刈られた髪と、はっきりとした目鼻立ちが印象的である。眼鏡はかけておらず、そのくっきりとした眉が目立っている。

会議室に並ぶ社長や他の取締役たちと明らかに異なる点がある。その人物からは、ものすごいエネルギーを感じるのだ。この人物が、班目教授と仲違いをした――。

「町村です。みなさん、お久しぶりです！」

力強い声だった。日焼けした顔が一瞬崩れて、笑顔を作った。その笑顔はマレーシアの日差しの下に五年間いたことを物語っているようだった。

パチパチパチ、と拍手が響いた。

「拍手はいらない！」

突然、大声が響いて、全員の手が止まった。私は呼吸が止まった。

大声をあげたのは、他でもない、町村常務だった。

「私はまだ日本に戻ってきて、何の成果もあげていない。拍手を受けるべき人間ではない。さきほど社長に聞いた話だと、この会社の成長率もここ五年で横ばい。製品開発については、ほぼストップしているという。君らも、のんきにこの一人のおっさんに対して拍手している場合ではない！」

若手社員から、おおっ、というどよめきが起こった。

しばらくの沈黙の後、発言したのは社長だった。

「まぁ、まぁ、町村さん。日本に戻ってきてから、いきなりギアをトップに入れるのも良くないでしょう。しばらく落ち着いて日本の空気に馴染んでください。また、社員のみんなにお知らせしておきますが、町村さんは、わが社の溶鉱炉の炎です。日本の本社のテコ入れのために戻ってきてもらいました」

私は他の社員をチラリと見た。長谷川先輩の様子が目に入った。彼はどこか興奮しているようだった。続けて私は直属の上司の、企画課長を見た。彼はどことなく青ざめているように見えた。

長谷川さんも課長も、私とは違い、日本にいたころの町村常務を直接見知っているはずだ。私にとって町村常務は、理解の範囲外にある人物だった。そして強い違和感があった。溶鉱炉の炎？　そんな形容詞で語られる社員が、このNジェネティクス社にいただろうか。

私にとって他のNジェネティクスの社員の印象は、善くも悪くも「他人にあまり関心を払わずに、物事をスマートに粛々とこなしていく」というものだった。

会話や会議などの場では、相手への否定を極力避けて、冷静にすり合わせていく。できる限り熱量を費やさないように……それがこの会社の人たちの姿だと私は考えているし、それでこの会社はちゃんと回っていたと思う。だから、溶鉱炉の炎は異質に感じられたのだ。


長谷川さんと課長の様子がまるっきり相反していたことが暗示していたように、町村常務が戻ってきてから、社内は混乱し始めていた。町村常務は社内のミーティングにふらりと顔を出しては、そこかしこで火をつけていった。具体的には、社員の発言に積極性がなかったり、要点だけをまとめたような短いプレゼンなどに対しては、激しく追及して叱責した。

私たち企画課のミーティングにも、町村常務は現れた。

私にとって先輩の女性社員、三田村さんが、今後三年間の化粧品業界の動向について五分間のプレゼンをしたのだが、その内容に町村常務は納得がいかなかった。

「これから三年間の変化が、その程度であるとは、ちゃんちゃらおかしい！　どんな分析をしたらそうなるのだ。幼稚園児の連絡係かお前は！」

三田村さんは、顔を真っ赤にしてうつむいた。

町村常務のあまりの剣幕は、三田村さんのプレゼン内容がどうだったか、すべて記憶から飛んでしまうほどだった。

「軽い！　軽いッ！　向こう三年間の分析をするのに、ものの五分で終わる話のはずがない。まずその姿勢がおかしい。最低、一時間ぶんのプレゼンを用意せんか」

私は企画課長の片栗さんを見た。そもそも、プレゼンは五分間という決まりだった。膨大な情報を五分間に整理することで、本質を明確にし、情報を効率良く共有しよう。そういうミーティングのはずだった。そう片栗さんが言ってくれれば、場は収まるのに、片栗さんは動かなかった。無表情のまま肩をすくめるようにして、じっとしていた。

声を上げたのは三田村さんだった。

「……このプレゼンは五分間で行うという決まりなのです」

すごい勇気だったと思う。私には言えなかっただろう。しかし、町村常務はその言葉を瞬殺した。

「馬ぁ鹿かぁお前はぁ！　五分って言われて、ハイそうですかって右にならえって姿勢が幼稚園児なんだよ！　五分間に収まらないと自分が考えれば、一時間でも二時間でもしゃべるくらいのプレゼンを準備しろよぉ！」

町村常務は全員を見渡した。

「いいか、上司の前でプレゼンするときは、地べたを這いずり回って、血反吐を吐いて、死ぬほど自分を追い詰めて追い詰めて、努力して努力して、積み上げたものをまず見せろ。それから話を聴いてやる。その姿勢が見えないヤツの話を聴くほど、こっちは暇じゃねぇんだよ。自分の好きなもの、やりやすいものだけをつまみ食いするような仕事は無意味だ。自分一人でできなれば、他の人間も巻き込んでいけ。で、私は間違ったことを言っているかな、片栗君？」

企画課長は、顔を持ちあげた。

「勉強になりました。取り入れてまいります」

町村常務は頷いた。それから三田村さんに向き直った。笑顔になっていた。

「いやぁ、さっきはすまなかったね。ちょっと言葉が激しかったら申し訳ない。これが私のやり方なんだ。いったん火をつけるんだよ。焼け野原にする。そしてもう一度、そこから再生していく。焼き畑農業ってあるだろう？　それだよ」

それだけ言うと、町村常務は部屋を出ていった。

三田村さんは、ドッと椅子に倒れこんだ。

「……三田村さん」

私は声をかけた。言葉が続かなかった。

三田村さんはしばらく沈黙したあと、片栗企画課長を見た。

「……で、どうしましょうか、課長？　町村常務殿のご意見をどうしますか？」

自分を助けてくれなかった片栗さんへ、いささか怒気のこもった声だった。

「そうだね。次からは時間制限はなしとしよう。そして、共同でレポートをまとめることができる体制を検討しよう」

会議が終わり、廊下に出た。三田村さんはどこかに走り去ってしまった。私がモタモタしていると、あとから部屋を出てきた長谷川さんに話しかけられた。

「いゃあ、凄かったな、町村さんの迫力」

「そうですね」

私は短く返事した。

長谷川先輩は、町村常務がつけた火によって、提灯に明かりがついたかのように高揚していた。いつも白い陶器のような頬も、いくぶん赤く見える。

「僕たちはぬるま湯につかっていたのかもしれない。ビジネスパーソンとして、停滞していたのかも。町村さんの言葉で目が覚めたよ」

私は返事をしなかった。たしかに町村常務は、まっとうなことを言ったのかもしれない。でも、他の伝え方があったのではないかと私は思う。

少なくとも、メンバーの前で叱責された三田村さんは傷ついた。町村常務は「焼け野原にする」と言ったが、それは自分の畑ならばいいけれど、他人の畑を燃やしただけではないか。

そんな私のような気持ちは、長谷川先輩にはちっともないようだった。私はただ肩をすくめるしかなかった。

これから私たちの企画課は……この会社はどうなるんだろう？

少なくとも言えることは、これまでの空気は失われてしまったということだ。そして町村常務側の人間と、そうでない人間たちに分かれていくのではないか。

私はふと、学生時代に見た一枚の絵を思い浮かべた。ギュスターヴ・クールベの『波』だ。クールベは何作か『波』と題する絵を描いた。そのなかでも１８６９年作のある一枚を、私は強く思い起こした。

鉛色の空の下に、黒い海が激しくうねっている。そして画面の右側に小さな帆船が見える。船の前方には、これから起こる不吉なことを暗示するように、暗く分厚い雲が見える。これから帆船はどうなるのだろうか。

私の記憶の中にあるクールベの描いた帆船は、なすすべもなく暗い方向へと舵を切っているように描かれていた。

「心のフィルター」で、不要な粒子をブロックする

目の前のモニターには、浴衣姿の班目教授が映っている。愛媛県の道後温泉で開かれた学術会議に教授は参加していたのだった。

「班目教授、学術会議は終わったのですか?」

「貴君、はじめに言っておくが、私は決して遊んでいるわけではない。浴衣が学術会議の正装なんだ。有名な温泉旅館で開かれていてね。貴君は疑っているのか?私が仕事をしていないと」

彼が何を着ていようと、私にはどうでもいいことなので、適当に笑顔を作っておいた。

私は班目教授にあることを頼まれていた。ドクターズコスメに対する使用者からのアンケート結果についてまとめるよう依頼され、今日はその概要を報告する日だった。

班目教授は私の報告を聞き、さらに詳細なデータを欲しがった。このウェブでの打ち合わせのあとに、すぐに私から送信すると約束をした。

「……ところで貴君、なんだか元気がないように見えるが、何か問題でもあったか？」

班目教授にそんなことを聞かれると思っていなかったので、私は狼狽した。

「どうしてそう思いますか？」

「いつもの君ならば、ぐだぐだと話が長い。今日は話が簡潔だ。何か体に悪いものでも食べたか？」

私はいささか腹を立てて、言った。

「食べてませんよ！……実は、ちょっと苦手というか、肌にあわないという方が社内にいまして。どうしたら歩み寄れるのかなと考えておりました」

自分の会社のことを……しかも町村常務の話を、班目教授にしてはならないと思った。あやふやなことしか言えなかった。

「その人物と友達になりたいのかい？」

「は？　友達？」

　予期せぬ言葉に私はまごついた。

「ええ、まぁ、仲良くなれればそれに越したことはないです」

「例えばね、魚や昆虫などは、餌の確保や衛生維持などでギブ・アンド・テイクの関係があるときに、助け合うことがある。普段は争っているような関係でもね。テッポウエビとハゼの関係がまさにそうで、『共生』と言う。悲しいが、**人間も根源は同じで、基本は敵対するものなんだが、ギブ・アンド・テイクで友情は成立する。**貴君が職場でその人物に対して手助けできることがあれば、自然と友人になる」

　私はため息をついた。直球的に話をしたほうがよさそうだ。

「教授、大学にパワハラってありますか？」

「んん？　パワハラだって？　あるさ、しょっちゅう」

　そうなんですか、と私は声を上げた。

「さっきも言ったように、基本的に人間と人間は仲良くはなれん。これは自然の摂理で、仕方がないことだ。そして世の中には、自分に対する制御がきかない人間がいる。大学の中は、そんなのばっかりだ。自分に制御がきかない人間だから教授しか仕事がないのかもしれん」

「そういうものですか……」


班目教授は、しばらく私の顔を覗きこむように見た。

「話は深刻そうだねぇ」

そう言って、教授は画面から消えた。まもなく、彼は水の入ったコップと、ドリップ式のコーヒーを持って画面に戻ってきた。

「旅館にはこういうものがあって実に便利だ。さて貴君。今からこのコーヒーをコップの水に入れる」

班目教授はドリップ式のコーヒーを、コップの水の中に入れた。本来ならばお湯を入れるべきところ、水だと飲めたものではないだろうし、抽出するには時間がかかるだろう。現に、私たちはしばらく待った。おそらく、彼はよほど暇なのかもしれない。

しばらく待つと、コップの水が黄色くなってきた。

「これだよ」

「さっぱりわかりません」

「フィルターだよ。君が欲しいのはコーヒーであって、コーヒーの豆ガラ……粒子ではないはずだ」

彼は画面越しに、薄く抽出されたコーヒーを私に見せた。透き通っていた。

「パワハラをする人間と対峙するときに問題なのが、価値のある指導なのか単なる怒りなのか、境界がわからなくなることだ。価値ある指導は通したいが、単なる怒りの場合は、自分側……すなわちフィルターのこちら側に通してはならない」

私は班目教授の手に握られた黄色い液体をじっと見た。そして訊いた。

「そのフィルターって、どうやったら手に入りますか？」

「フィルターはすでに貴君の手の中にある。貴君はそのフィルターを厚くするだけだ」

「厚く……？」

「その人物との間に厚い壁を作るんだ。怒りという不要な粒子を内側に通さないようにする。その粒子が君のところに届かなければ、その粒子はどこかに流れていく。もし、粒子がフィルターをすり抜けてしまい、すなわち叱責されたとしても、自分がダメな奴だと落ち込まないことだ。粒子は液体の中を拡散する……すなわち、その人物の怒りは誰にでも向くのだから、君にだけ向けられるものではない」

フィルターを厚く……できるだろうか。三田村さんに向けられたような言葉を受けたとき、私は冷静に対処できるだろうか。

「まぁ、**すぐ怒る人間というのは、脳の機能に問題のあるやつが多い**。脳の前頭前野が未発達な人間は感情の抑制が効かず、感情のコントロールが困難になる。[11] 衝動的に過激な攻撃行動をとってしまう。また、自分が正しいと思い込んだことを他者にも要求してキレる人間は、ドーパミンという興奮性の神経伝達物質が分泌されることで、キレること自体に快感を覚えてしまう状態になっていて、手が付けられない。どうしようもない」

「どうしようもないって……でも、理不尽なことがあっても、会社の中では避けられないですよ。どうしたらいいんですか？」

「離れることだ。同じチームから離れたり、仕事を辞めるかだ。それが無理ならば、**精神的に切り離す**」

11）中野信子.キレる！脳科学から見た「メカニズム」「対処法」「活用術」.小学館，2019.

「精神的に切り離せるものなんですか？」

「できるさ。さっきも言ったけれど、貴君に攻撃を向けるということは、同じように他の人間にも攻撃しているのだろう。誰でもいいんだ。彼にとって怒りは『こんにちは』とか『おはようさん』程度の挨拶だ。貴君の評価が下がったりしたわけではないし、そもそも、そんな人間の評価など気にしなくていい。それに、科学的に言えば、生物はいつか死ぬ。いつかそいつも死ぬさ」

そんな身も蓋もないことを班目教授は言い、コップを画面の隅に置いた。そして小さくため息をついた。

「世の中は理不尽なことだらけだよ。思い通りにいかないものさ。君はエヴァリスト・ガロアという数学者のことを知っているかい？」

「いいえ」

私は素直に首を振った。

「アインシュタインの相対性理論にもつながる、数学の理論を作った人物なんだけれどね、彼は二十歳で、よくわからない決闘のために命を落としたんだ」

「ええっ、数学者が決闘で？　しかも二十歳で……？」

「ガロアの業績は、『ガロア理論』として名前を冠され、彼の『群論』は数学の分野において重要であるだけでなく、数学以外、例えば物理学では相対性理論や量子力学などを厳密に記述するために用いられている。そんな人物も、やっかいごとに首をつっこんだり、関わりすぎたりしてしまったことで、若くしてあっけなく命を落としてしまったのだ」

しばらく私と班目教授は沈黙した。決闘の話を聞いた私は、町村常務の理不尽さが、少しだけ緩んだように感じられた。やがて教授は静かに私に尋ねた。

「……もしかして、町村氏が帰国したかね？」

私は班目教授の顔を驚いた目で見た。

「はい」

「そうか」

班目教授はそれだけ言って、じゃあまた今度と一言残して、通信を切った。

「働かないアリ」にできること

しばらくして、班目教授からこんなメールが届いた。

To：山田咲良
From：班目教授

とある研究者がアリの個体にマーキングをして、行動を調べた。[12] どんなコロニーにも、働かないアリ……自分の体をなめたり、ぼーっと歩いたり、コロニーのために働かない存在がいる。しかし働かないアリは、その巣が疲弊したときに、突然やる気を出して働くようになる。怠けてコロニーの効率を下げる存在ではなく、それがいないとコロニーが存在できないという重要な存在なのである。組織には働かない存在がいていい。いざというときに働けば良い。

兎

12) Kensuke Nakata, *Sociobiology*, 35(2000), 441-446.

おそらく働かないアリとは私のことだろう。私がぼーっとしているから、ひどい叱責を受けたり、パワハラに遭っていると思って、こんなメールを書いたのかもしれない。ちょっと先回りしすぎて、多分に失礼極まりない。

しかし、決闘で死んだ数学者の話をしたり、アリの研究を紹介する形で、私を慰めようとしてくれているのは確かなようだ。これが班目教授のやり方なのだ。まぁ、嫌いじゃない。

会社でお茶を入れようとしたとき、私は班目教授のフィルターの話を思い出した。厚い壁を作るんだ。班目教授は言った。

あの班目教授だって、他者との間に厚いフィルターを作って生きてきたんだ、と思った。私からみれば十分に優秀な人物でも、他者に対して距離をとり、自分を守って生きてきたのだ。

じゃあ、自分はどうか。これまで他者との間のフィルターなど、意識したことがなかった。でも、それはただ幸運なだけであったのかもしれない。人生しかるべきときに、フィルターを意識しなくてはならないのだ。

正直に言って私は町村常務を恐れていた。あの、たった一回のミーティングは、私を存分に脅えさせるのに十分だった。

現に、三田村さんはあの一件以来、殺気立ったようになっていた。取引先との連絡や同僚との打ち合わせを最低限に済ませると、資料室にこもって何かを調べていた。おそらく町村常務に指摘されたことを、そのとおりに遂行しているようだった。

一方で長谷川先輩は、すっかり町村常務の信奉者となっていた。どこかの課で町村常務が発言したら、その課に様子をうかがいに行き、発言内容を聞き出していた。

そして私は町村常務に脅えている。これらすべての反応が、町村常務の願った通りなのか、そうでないのか、私にはわからないし、考えたくもなかった。

班目教授の「アイデア・ノート」

そうして数日が過ぎたころ、私は呼び出された。町村常務に。

常務室にひとり呼び出された私は、恐怖のあまり室内で立ち尽くしていた。町村常務は、部屋の中央に置かれたデスクの上に腕を置き、にこやかな表情を浮かべていた。そう、日本に帰国したときの冒頭の挨拶のときのように。そして三田村さんを叱責した直後のように。よくわからない笑顔で私を見ていた。

「山田君は今、班目教授の連絡役を担当しているんだってね」

私は、ヒュウと息をのんだ。いきなり核心からくるのか。

「その通りです」

私は正直に答えた。

「大変だろう？　彼の相手は。でもね、彼はすごく優秀だから。学ぶことも多いと思う。うん」

意外なことを言うので、私は眼を見開いて町村常務を見た。

「それでね。山田君に頼みがあるんだ」

彼はテーブルに両肘をついて、続けた。

「数年前のことだ。私は班目教授と一緒に仕事をしていたんだ。とある会議で、彼はひとつのノートを手にしていた。そしてときどき、それに目を落としていた。ノートの表紙には『アイデア・ノート』と書かれていたよ。数々のイノベーションを起こして、わが社に利益をもたらしてきた班目教授は、何かイノベーションを生み出す方程式のようなものを持っているのだと私は考えている。私はそれに興味がある」

町村常務はからりとした声で、私に言った。

「わが社には、彼のアイデア・ノートが必要なんだ」

「はあ」

「彼のアイデア・ノートを、盗んでくるんだ」

「人間関係」を
科学的に考えると？

- 人間も含めて生物は、
基本的には対立する生き物

- ただし、ギブ・アンド・テイクで友情が成立する
（「共生関係」と言うらしい）

- パワハラしてくる人との間にフィルターをつくり、
怒りをブロックする（つまり、気にしなければいい！）

- 怒りっぽい人は、
脳の前頭前野が未発達ということ

- そんな人からは、物理的、
もしくは精神的に離れる

町村さん、友達いなさそう…

班目教授の講座

3

時間目

相手を惑わせない、誤解させない会話文

文章が長く、何度説明を聞いてもよくわからない人がいる。

そういう人は、言葉の語順が不適切だったり、読点「、」(=ひと呼吸)の位置が悪かったりすることが多い。話し言葉の場合、読点を意識せず、淡々と抑揚がなく話をされると、理解できなくなってしまうのだ。

例えば、次のような文章を考えてみよう。

①警官が、自転車に乗って逃げる泥棒を追いかける。

②警官が自転車に乗って、逃げる泥棒を追いかける。

③警官が自転車に乗って逃げる泥棒を追いかける。

この①〜③は、読点の位置もしくは有無が違うだけである。

①は自転車に乗っているのは泥棒で、②では警官が自転車に乗っている。すなわち読点の位置が違うだけで、状況ががらりと変わってしまう。

③は読点がなく、ひとつの状況を思い浮かべることができない。

このような話を会話でされると、よほど読点を意識しない限り、理解しにくい。

では、どう伝えればいいかというと、

④自転車に乗って逃げる泥棒を警官が追いかける。
⑤自転車に乗った警官が逃げる泥棒を追いかける。

この④と⑤が良い。読点がなくても、状況がひとつに定まっているのがわかるだろうか？

なるべく読点がなくても成立する文章（だらだらとした文章ではない）となることを心がけることで、④や⑤の文章を書けるようになる。

第四章

私たちの仕事が「混沌」になる理由

～「デスクワーク」を科学的に考える～

むかしむかしの中国でのできごと。ある男が妻に捨てられたのち、頑張って出世したところ、元の妻が復縁を求めてきた。男は盆の水を地面にこぼし、「これを元に戻せたら復縁してやろう」と言ったという。覆水盆に返らずの故事である。

あるいは、アメリカのこんなことわざもある。

It is no use crying over spilt milk.

（こぼしたミルクを嘆いても無駄だ）

しかし、どうして、こぼれ落ちた水やミルクは元に戻らないのだろう？

「通知地獄」の現代社会

町村常務の部屋を出たあと、私は大きなため息をついた。

町村常務から呼び出されたとき、班目教授のことを聞かれることは十分に予測できた。私の返答次第では、ひどい叱責をもらうことになると思って身構えていた。それは不発に終わった。しかし、とんでもない任務を与えられてしまった。なんだか後戻りできない一方通行の隘路に迷い込みつつある気分だ。

班目教授のアイデア・ノートならば、実は心当たりがあった。班目教授の研究室を訪問したとき、積み上げられた学術書の上に載っていたことを覚えている。

町村常務の言うように、そこに本当にイノベーションに関する公式のようなものが書かれているのだろうか？

町村常務は「盗んでこい」と言ったが、本当に盗まなくてもいいだろう。まずは班目教授との打ち合わせのときに、それとなく聞いてみよう、と私は思った。

『アイデア・ノート』のことを忘れて、今はデスクワークに集中しよう。

私はメールの画面を開き、届いたメールの確認と返信をしていく。販売代理店から寄せられたドクターズコスメに対する要望や、経理課から届く週ごとのわが社の製品の売り上げに関するレポートに目を通す。

しかしメールを読みながら、頭のどこかでは『アイデア・ノート』のことを考えている。町村常務が言うような、盗み出すようなことはできるだけしたくない。じゃあ、どうやって班目教授に切り出そうか。「町村常務がノートを盗んで来いと言ってます。返さないかもしれませんが、ちょっと借してください」なんて、馬鹿正直に言うわけにもいかない。そもそも、そのノートには何が書かれているのだろう？

そんなことを考えはじめると、メールへの対応がめちゃくちゃになってきてしまった。必要な添付ファイルを付け忘れて、送信先からクレームが届いたり、広報課から届いた一通のメールを探そうとするものの、いつ、どんな件名で受信したのか思い出せず、片っ端から受信メールを開いて時間を浪費したりしてしまった。

そんな間にも、どんどん時間が経過して、受信メールがたまってくる。

「ああ、もう！　どうしたらいいの！」

電子メールというものは、鼠算式に増えていくと、何かのセミナーで聞いたことがあったっけ。その鼠算になる原因は、電子メールの宛先のｃｃ（カーボンコピー）という機能のせいだ。

ｃｃ、カーボンコピー、「あて先（ｔｏ）の人に送ったのですが、このメールの内容を念のため見てくださいね」という意味。情報共有として使うもので、基本的にはｃｃで受信した人は原則、返信しなくて良いとされる。しかし、内容は把握しておかなければならない。ｃｃであれ、メールを受信してしまっているのだから。

このｃｃの使い方は、実にさまざまで、単純な情報共有だけでなく、「あなたもこの情報を知ってしまいましたよ。困ったら助けてくださいね」とか、「私はこんな仕事をしています」という報告を上司に送っておくときにも使われる。

この機能を考えた人は日本人なんじゃないかなと思うくらい、日本人的だと感じているのは私だけだろうか。

一人の人間が、５人の人間にｃｃでメールを送信する。受信者は同じｃｃの宛先を設定したまま返信する。そうやってどんどんccメールが量産されていく。

さて、何が厄介かというと、そういうccのメールの山の中に、大事なメールが埋もれてしまうということだ。toで送られてくる場合と、ccで送られてくる場合と、メールの見た目は基本的に似ているので、重要なメールと、（基本的に）重要ではないメールの区別がつかない。

私は、絶え間なく送信されてくるメールの中で、今日中に対応しなくても良いメール（期限が数日後）を頭の中の記憶ボックスにためておき、すぐに対応しなくてはならないメールをまず打ち返すことにしている。時間は有限であり、ずっとメールの画面を見ているわけにもいかないから、そうなる。

そして何が起こるかというと、対応する期限が数日後だったメールが、いつしか期限を迎えて、送信者から怒られてしまうのだ。

私がメールの受信箱を整理していると、スマホのバイブ音がたて続けに鳴った。ヴィーンという音がフェイスブックのメッセージが届いたことを、ブィンブィンという音がＬＩＮＥでメッセージを受信したことを伝える設定にしていた。

ブィーン、ブィーン、ブィンブィン、ブィンブィン、ブィーン。

フェイスブックのメッセージが3通と、LINEが2通来たことがわかる。

「ああもう！」

フェイスブックも、LINEも、もはや家族や友人たちとだけでなく、仕事の連絡手段としても使われている。注視しておけばいいのはメールだけではないのだ。

最後に届いたフェイスブックのメッセージに目を向ける。兎のマークのアイコン。班目教授からのメッセージだ。あの教授、反重力の名を持ち髪の毛を逆立てさせ、浮世離れしたいかつい風貌をしているが、フェイスブックというSNSもやっているのだ。彼からのメッセージは、次のようなものだった。

To：山田咲良
From：班目教授
以前、貴君に依頼した例のドクターズコスメの成分表について。送ってほしいと伝えたが、どうなった？　メールでもリマインドを送ったが、見ていないようなので、フェイスブックのメッセージでも送っておく。メールを見よ。
兎

「やってしまったぁ！」

私は頭を抱えた。班目教授からのこの指示を、完全に忘れていた。町村さんに呼び出される直前に、教授からの依頼を受けていたのだった。私の頭の中の「期限が数日後」のボックスに入れてしまい、そのことをすっかり忘れていた。

「成分表、成分表……！」

慌てて探すものの、手元にない。最新のデータは品質管理課に取りにいかなければならない。

品質管理課宛にメールを打とうとしたが、慌ててしまい、誤字を連発してしまう。そこで、よく考えると、品質管理課は私のいる企画課の隣の部屋だったと思い出す。

「直接行ってしまえ！」

私は駆け出して、品質管理課の部屋に向かった。

幸い、担当の人がデスクにいて、私のメール宛に最新の成分表を送ってもらうよう依頼することができた。そのまま班目教授に転送してしまえば、添付ファイルのミスも防ぐことができる。こういうときには電子メールのありがたさが実感できた。

さっさと班目教授宛にメールを打とう、そう思って企画課に戻ると、三田村さんが寝不足そうな表情で、私に向かって言った。

「外線がかかってきていたわよ。東京科学技術大学の班目教授から」

ミーティングより速い「情報共有」の手段

私は班目教授に慌てて電話をかけたが、つながらなかった。別の用事があったのか、それとも私がモタモタしていることに立腹してしまったか。とにかく、丁重なお詫びの言葉と、必要な情報をメールで送った。

「……直接会いに行くか」

用事がないわけではなかった。このメールの要件以外にも、打ち合わせをしておきたいことがあった。それに、アイデア・ノートについても……。

たとえ今日、アイデア・ノートについての新しい情報が得られなかったとしても、何かしら調査的なことを前に進めておかなければ、町村常務に詰められたときに窮してしまう。

前門の虎、後門の狼、という言葉がまさにピッタリな状況に、廊下でくらくらとめまいを感じて、私は人の目かまわず髪の毛をかきむしった。


班目教授の研究室を訪れる。教授室の扉は開かれていて、兎のイラストを背負ったくしゃくしゃの白衣と逆立った髪が見える。

「あの……班目教授……先ほどはすみませんでした」

私がそう言って頭を下げると、意外にも陽気な声が返ってきた。

「ああ、貴君か。メールは拝受した。ところで、貴君は実に良い所に来た」

そう言って、教授は足元に積んであった段ボール箱を指さした。

「これを一つ持って、私のあとについてきてくれんか」

はぁ……と私が頷くなり、彼は私の手の上に箱を載せてきた。持てない重さではない。教授は二つの箱を抱え、歩き出した。

行き先は、学生部屋だった。

文系の大学を卒業した私には、理系の学生部屋というのは珍しいものだった。広い部屋がパーテーションで仕切られていて、それぞれのデスクに天井からケーブルがぶら下がっている。おそらくパソコンへとつながっているものと思われる。

部屋の壁には、天井まで届く棚がしつらえられてあり、学術書のようなものから漫画の雑誌、アニメのフィギュア、よくわからない機械などが、まるで子供部屋のようにぎゅっと無秩序に詰め込まれていた。

「試供品が届いたぞ」

積み上げられた書類や、よくわからない装置の上から、ひょいといくつもの顔が覗いた。まるで水族館で見たチンアナゴの群れのような光景だった。学生たちは、のそりのそりと起き出してきて、班目教授の持ってきた箱を物色し始めた。

「これ使えそうですねー」

「これはどうだ?」

「うん。ちょっとボリュームが小さいですかねぇ」

「最近、調子はどうだ? フローサイトメータは直ったか?」

「はい。流路が詰まってただけですね。水につけといたら直りました」

「ところで、その髪型はどうしたんだ?」

「いやぁ、彼女に振られてしまって……」

学生は真っ赤に染まった髪の毛を撫ぜながら、ゴニョゴニョと答えた。

やがて、学生たちが段ボール箱と班目教授を囲んで、方々で話が始まった。それはまるで井戸端会議のようだった。

教授が荷物を抱えて学生部屋に行き、雑談する。こんなことも教授がするのかと、私は驚いた。班目教授が忙しいことは、Nジェネティクス社の連絡役である私であっても知っている。会議や出張、研究の時間の合間を縫って、私は班目教授との打ち合わせを成立させていたのだ。


班目教授は空っぽになった箱を折りたたんで、小脇に抱えた。それから私たちは教授室に戻った。

「班目先生って、ものすごく忙しいのに、こんなこともするんですね」

「学生とのやり取りのことかな」

「そうです。会議や出張、ご自身の研究の時間でスケジュールはいっぱいだと思うのですが、学生に試供品を持って行ったり、雑談に応じたり」

「ああ。それくらいの時間は作らないとね。ずっと仕事ばかりやっていたら、脳がおかしくなる。それに……雑談のなかにこそ大事な情報が隠れていたりする」

「なるほど。装置が直ったという話もありましたね」

教授は頷いて、そうだ、と言った。

「定期的なミーティングを待っていれば、それだけ情報の更新が遅れる。また、ミーティングでは切り出しにくいことも、雑談では気軽に聞くことができる」

私は頷いた。

「それに、彼が失恋したという話も重要だ」

そういって班目教授は笑った。

「170時間のムダ」を削減する方法

部屋に戻ってから、私はあらためて班目教授に謝った。

「メールの対応が遅れて、申し訳ありませんでした。次回から気をつけます」

「うん」

私の申し訳なさそうな顔を見て、班目教授は短く頷き、続けた。

「ちょっと、今日は仕事の処理について話をしてみようか」

「仕事の処理ですか……」

「うん。貴君はエントロピー増大の法則というのを知っているか？」

私は首を振った。なんだ、その焼肉の珍しい部位のような名前の法則とは。

「エントロピーは熱力学という学問でよく扱われる概念だが、簡単に言うと、無秩序な状態の度合い、すなわち乱雑さを定量的にあらわすものだ[13]。無秩序なほど高い値、秩序が保たれているほど低い値をとる。そして、エントロピー増大の法則を要約すると、『**物事は放っておくと乱雑・無秩序・複雑な方向に向かい、自発的に元に戻ることはない**』ということだ。例えば貴君はコーヒーにミルクを入れるかな？」

「入れません。コーヒーにミルクを入れるのは、コーヒー豆に対する侮辱と思っています」

思っていることを素直に言うと、班目教授はチッと舌を鳴らした。

13）都筑卓司.新装版マックスウェルの悪魔.講談社,2002年.

「コーヒーにミルクを入れると自然に混ざるが、勝手にコーヒーとミルクに分かれることはない。一度混ざったら、何か操作をしない限りはそのままだ。想像できるか？」

私は頷いた。ミルクをコーヒーに入れているのを、生まれてこの方見たことがないわけではない。

班目教授は続ける。

「覆水盆に返らず、とか、こぼしたミルクに泣いても無駄だ、ということわざを聞いたことがあるだろう？　こぼれ落ちた水やミルクは、エントロピーが大きい状態にあって、自然に低い状

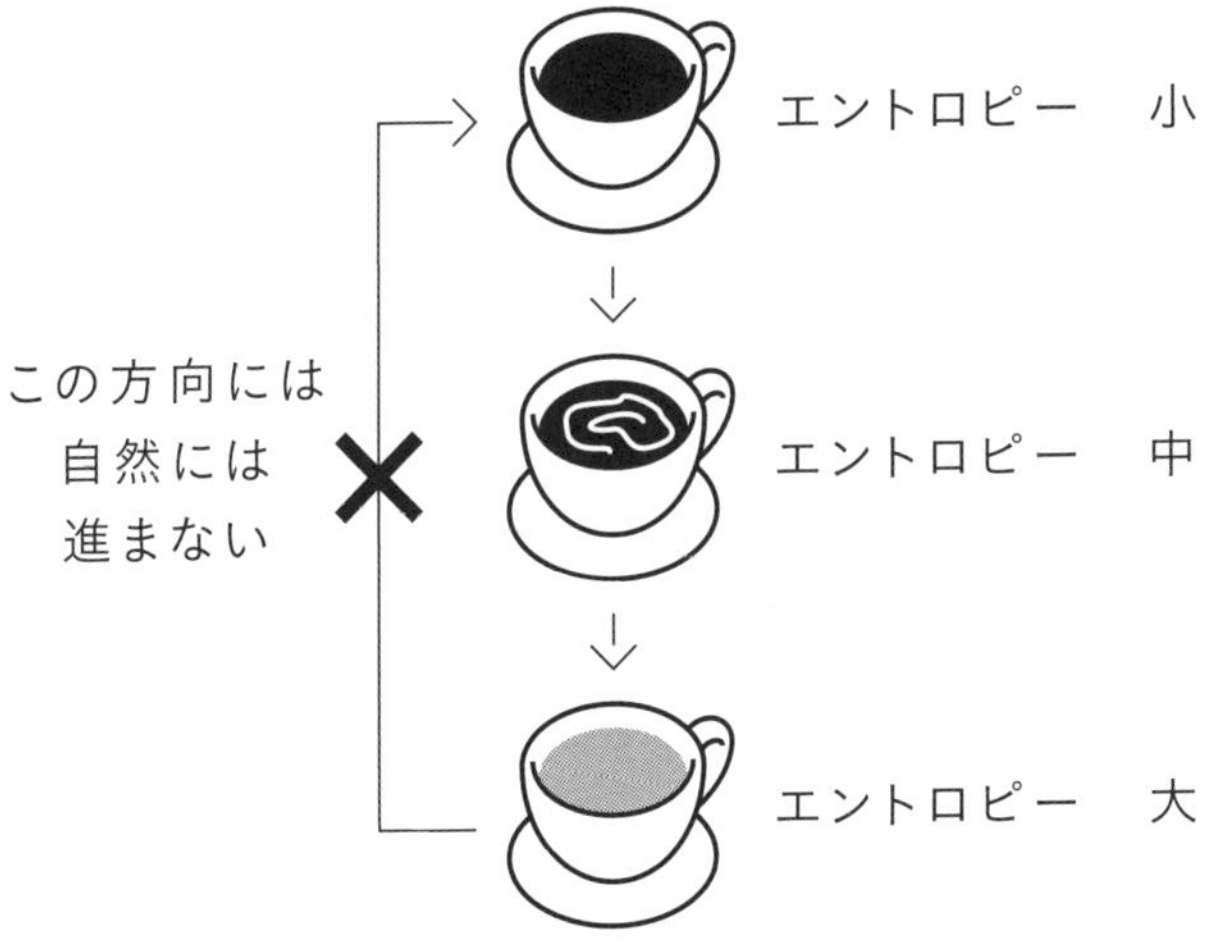

［コーヒーとミルクとエントロピーの関係］

態（盆の中の水やコップのミルク）には戻らないということだ」

「なるほど」

私は相槌を打ちつつ、元に戻らないことというのは、なんだか人生のようなものだなと、ふと思った。

「一方で、生命は、このエントロピー増大の法則に抵抗する存在と考える研究者たちがいる。我々は生きている間、食物などから蛋白質や水分やエネルギーを摂取し、体を作り、エネルギーをため込んでいる。すなわち、無秩序な状態から、秩序だった状態に並べ替えることで生存している。波動方程式や『シュレーディンガーの猫』という面白い考えを述べたエルヴィン・シュレーディンガーという科学者は、生命を『負のエントロピーを食べている存在』と表現した[14]。実に面白い」

私は曖昧に頷いた。周回遅れのような私の表情を読み取ったのか、班目教授は話を変えた。

「より身近な例で説明しよう。今日は金曜日だ。今朝、私は自分のデスクの上を片付けた。毎週、金曜日の朝にデスクを片付けることにしている。論文やら書類などが乱雑に積み上がっていたのを整理した。つまりデスクの上のエントロピーを下げ

14）エルヴィン・シュレーディンガー．生命とは何か．岩波書店，1951・1975．

たわけだ」

　彼は自身のデスクの上を指さした。

「これで私は仕事の効率が上がった。なにより、書類を探すための無駄な時間が減った。デイヴンポートという人によれば、平均的なビジネスパーソンは、探し物のために年間170時間も使うという。一年のうち、だいたい245日仕事をして、そのうち8時間仕事をすると仮定したら、すべての仕事に使う時間は約1960時間ということになる。従って1960分の170……約1割弱だ。**エントロピーがたまる前に、定期的にデスク周りのエントロピーを下げて探し物をしなくなることで、1割弱ぶんも効率を高めることができる**ということになる」

　そういえば私自身も、一通のメールを探すために相当無駄な時間を使ってしまっていた。私は仕事相手から送られてきたメールや書類を、期限ギリギリまで未対応のままため込む癖がある。期限の一週間前に対応しようが、期限当日に対応しようが、プロジェクトには影響がないと思っているからだ。

　しかし、班目教授の話を聞いて、はっと気が付いた。期限ギリギリまでため込むことで、情報量が多くなり、その中から探すことで無駄が生じてしまう。

では、ため込む情報をいかにして捨てるかというと、そのキーワードは、班目教授の言葉で言う「定期的」に「減らす」ということだ。定期的に減らすことで、事務仕事の「エントロピー」が少なくなるのだ。

無駄なメールは、届いた際に捨ててしまうか、もしくは一時保管ゴミ箱のようなフォルダの中に放りこんでおけば良いのだ。探す時間がなければ、他の仕事ができたはずなのだ。

仕事の「老廃物」を定期的に排泄する

班目教授は話を続けた。

「そして我々の身体自身もエントロピーを捨てている。日中に活動して、その分、体に熱を溜め、内臓に負担を蓄積し、脳へ記憶を溜め続けている。それらのストレスを寝ている間に解消する働きを、我々の身体は持っている。貴君、脳は寝ているときと起きているとき、どちらがエネルギーをより消費しているか、わかるか？」

「それは、起きて活動しているときでしょう。睡眠から目覚めたあと、脳はスッキリしていると感じますし」

「実は違う。脳は眠っている間が一番エネルギーを消費している。記憶の情報を整理してエントロピーを下げていると考えられている。目覚めたときにスッキリしているのは、デスクを片付けたあとと同じだからではないか」

「なるほど」私は頷いた。

「排泄も同じだ。体にたまった老廃物をオシッコやウンコとして体の外に出す。そしてさらに、我々が注目する肌もそうだ。肌が生まれ変わる周期のことを肌周期と言うが、一般的に肌周期は約28日間と言われている。[3] 具体的には、基底層から顆粒層手前になるまでが約14日間、顆粒層から最も肌の外側である角層となり剥がれ落ちるまでが約14日間だ。このようにオシッコなら一日八回として3時間おき、ウンコなら1日おき、肌なら28日おき……私が言いたいことがわかるか?」

班目教授が何を言いたいのか私にはわからなかった。私は半ば、やけくそで言った。

「オシッコはとても大切だということです」

3) 日東メディック.肌周期研究所.肌周期とは

班目教授は大きく頷いた。

「正解だ。貴君には理解力がある。私が言いたいのは、**私たちの体の中で行われるエントロピーを捨てる頻度というものは、捨てるエントロピーの種類や質によって違うということ……**すなわちエントロピーを捨てるための周期が、貴君の中でめちゃくちゃになっているのではないか？」

仕事上のタスクの中で、整理するべき周期が、私の中でバラバラだという。

たしかに、整理するための周期があるなどとは、考えたことがなかった。いつもタスクは溢れていて、締切が近いものから手当たり次第に対応する。プレゼンだって、いつもそうだ。スケジュールは事前に決まっているのに、いつも前日とかに作り始める。そんな状態ではいけないと思いつつ、どうしたらいいのかわからない。

班目教授は言う。

「例えばメールの確認。これは一日のなかで数回、行わなければならない。まずその頻度を決めるべきだ。そして机の上の整理は、二日に一度。一週間のスケジュールを整理して確認するのは、週末の金曜日か土曜日がいいかもしれない。この、定期的というのが、エントロピーの概念から言うと大切なのだ。なぜならエントロピーは溜まり続けるからだ。ある一定サイクルで、強制的に仕事の手を止めて、エントロピーを下げさせる。そのように、**貴君のタスクと、性格にあった整理のサイクルをつかんでいくのだ。**始めはうまくいかなくても、修正していけば、いつかは完璧なサイクルが出来上がる。生まれたての頃はおしめをしていた我々が、やがてトイレでオシッコとウンコができるようになったようにね」

私は会社に戻って、とにかくいったんトイレに行った。そして、ICレコーダーで記録していた班目教授の言葉を再生して聴き、メモにまとめた。

私を苦しめている仕事上のタスクについて、適切な処理をする（エントロピーを捨てる）周期を決めていこう。

・メールの確認

一日のうち、始業直後、昼食前、午後に一回。その三回それぞれ一時間だけにする。一日三回だけと言うと、なんだかメールを見ていない人のように思われるかもしれないが、結局、私はいつもすぐには返信できていないのだ。メールに集中する時間を三回に区切った、ということだ。

・机の上の整理

一日のおわりに行う。班目教授は二日に一度と言ったが、これは毎日やってみよう。私は週に五日間の勤務なので、二日に一度の頻度だと一日余ってしまうことになる。複雑なスケジューリングはしないことにしよう（複雑なスケジューリングこそが、エントロピーを増やしてしまう）。

・次週の予定の確認

週末の金曜日に行う。これは班目教授のアドバイス通りにしよう。金曜日に行うのは、もし週内に対応しなければならないタスクが見つかれば、金曜日中に対応できるかもしれないからだ。

このように決めて、仕事を始めてみることにした。

私がどのような仕組みを作ったとしても、メールが断続的に届くことには変わりがない。しかしメールの対応を一日に三回と決めて、それを守ることにした。

午前十時を過ぎたところでメールへの対応をやめ、「あとは昼食前にしよう！」と打ち切って、別の仕事……市場調査やミーティングのための資料作りに集中した。

まもなくしてメールが届いていないか気になりはじめた。「すぐに対応してほしい」、というメールが届いているかもしれない。でも、そういうメールは昼食前……すなわち二時間以内には対応するのだ。文句は言われないだろう。

今はメールを見ない。そう決めて、市場調査や資料作りを行った。メールのことを頭から排除することで、その他のやるべき作業に集中することができた。これは効果的だと私は思った。

一時間半後、私は自分が決めたとおりに、メールに向き合った。至急対応してほしいというメールが一通届いていたが、私は落ち着いた心で対応できた。なぜなら、市場調査や資料作りは、もうメドが立っていたからだ。

私が今日、二回目のメールタイムを終えて、昼食を取りに行こうと席を立つと、長谷川先輩に声をかけられた。

「ちょっとランチ一緒にどう？」

彼にはいろいろ聞きたいことがあった。私は二つ返事で承諾した。

前任者、桜井さん

「エントロピー？　知っているよ」

長谷川さんは、あっさりとそう答えた。

「乱雑さとか、そういう話だったっけ。あまり詳しいことは知らないけれど、ビジネスの世界にも応用されていたりするよ」

「そうなんですか？」

きっと長谷川さんはエントロピーのことなんて知らなくて、ちょっと彼に教えて『文学少女』のあだ名を返上させてもらおう。そう思っていたが、甘かった。

「ビジネスの活動では多くの情報を扱うけれど、その情報は整理されずに溜まっていくと、情報自体が読み取れなくなったり、意味を失ってしまうことがある。こういう状態のことを、エントロピーが増大していると表現できる。情報が整理されず蓄積され、不規則になることで、それはもう、ひとつの混沌とした世界の一部のようになってしまう。こうなると、せっかく溜めた情報が無意味になる」

「なるほど」

私が頷いたところで、彼が注文していたパスタが届き、話はいったん中断した。


「……それで、エントロピーがどうしたんだい？」

「いいえ、最近ちょっと興味がありまして」

「ふーん」

長谷川先輩は、私をじっと見たまま、器用にカルボナーラを口に運んだ。

「もうひとつ長谷川さんに訊きたいことがあります。以前お話しになっていた、班目教授の担当についてです。町村さんと、私の間に、もう一人いるんですよね？」

長谷川さんはしばらく考えたあと、ああ、と声をあげた。

「うん、そうそう。町村常務のあとに一人、担当がいる。その人は、その仕事を引き受けて、数か月で会社自体を辞めてしまったんだよ。桜井さんという女性でね」

桜井さん……知らない名前だ。町村常務が担当を外れたのが約五年前で、それから数か月後には辞めたのだから、入社三年目の私が知らないのは当然である。

「どういう理由で辞めたのか、わかりますか?」

「直接聞いた話ではないんだけれど、やっぱり班目教授が変な人間だからと、間接的に聞いたことがある」

「それは誰からですか?」

私は身を乗り出すようにして訊いた。今の私には、班目教授がそれほど人間関係を壊してしまう人物とは思えないのだ。

たしかに変なところはある。他人の足らない部分を指摘せずにはいられない、何か独特のルールが彼にはある。でも、私はそれほど嫌だと思わない。現に私は班目教授と出会ってから、何か変わりつつあると感じている。それはたぶんいい方向に。

むしろ、私は町村常務のほうが苦手である。三田村さんの一件と、『アイデア・ノート』についての私への依頼という、これだけの接点しかないのだが、町村常務には心を許すことがまだできないし、できるには時間がかかると思う。

長谷川さんは、前のめりになった私の様子を見て、私の真剣さを感じ取ったようだった。記憶の糸を手繰り寄せるように時間を取って、彼は答えた。

「そうだ……町村常務からだった。桜井さんが辞めた理由を聞いたのは」

その回答に違和感を覚えた。

「おかしくないですか？　桜井さんが辞めたときには、町村常務はマレーシアに赴任していたんじゃなかったんですか？」

「そうだね、いや、どうだったかな。たしかに赴任されていたと思うけれど、まだ町村さんの日本での仕事が残っていて、それで頻繁に日本のこっちの会社に現れたんじゃないかな」

私は椅子に座りなおした。そうじゃないかもしれないが、そうかもしれない。違和感は残ったが、これ以上確かめようがない。ただ、長谷川さんの返答は、町村常務にとって都合の良いように解釈しているようにも見えた。よほど信頼をしているのだろう。

「じゃあ、次は僕の番だ。先日、町村さんに呼ばれたんだって？」

私は一瞬、どきりとした。『アイデア・ノート』の密命のことが真っ先に頭をよぎったからだ。あの話は、誰にも話してはならない。

「……ええ、はい。数日前に」

「君、ひとりで？」

「そうです」

「どんな話を？」

「ええと、班目教授についてです。ほんの短い会話でした。それで、意外なことに、町村常務は班目教授のことを評価していましたよ」

長谷川さんは、私が口にした班目教授の話について、興味がないようだった。彼はフォークを食べかけのカルボナーラに載せたまま、しばらく考えごとをするように、私の斜め上をじっと見ていた。

「そうか……そうだよね」

そうだよね？

どういうこと？

それから長谷川さんは、いつもの柔和そうな顔を浮かべ、カルボナーラを食べ始めた。それから私に話しかけることはなかった。ただ、カロリーを体に取り込む動作というように食べ終えて、私たちは店を後にした。

そんな落ち着かない昼食のあと、会社に戻った私は、これまた意外な人物に声をかけられた。

「ちょっと時間ある？　人気のない所で話そう」

三田村さんが、両目の下にくまを作った目で私を見て、そう言った。

町村が企む「ある陰謀」

Nジェネティクスのオフィスが入っているのは、港区の背の高いマンションの三フロア分である。

広報課のあるフロアの奥に、宣伝用のパネルやのぼり旗が保管された（つっこまれた、と表現した方がいいかもしれない）場所がある。ほとんど人が立ち入らない場所だ。

三田村さんは、ハァアと、辛そうなため息をついてから、言った。

「さっき長谷川さんとランチに行ったでしょう？　彼とは何の話をしたの？」

目が血走っている。余計なことを喋らず、簡潔に、正直に答えるべきだ。私の体の中の警報音が鳴り続けていた。

「私が町村常務に呼ばれたときのことを訊かれました。私は町村常務に、班目教授のことを訊ねられたので、それをそっくりそのまま答えました」

私がそういうと、三田村さんは、ハァアァと、先ほどより大きなため息をついた。

「あの男、本当にくだらない。いい？　山田さん？　今後、長谷川さんが何か言ってきても、真に受けちゃ駄目よ」

「あの……どういうことです？」

「あなた最近、班目教授のところに出入りしてて社内にいないからわかんないでしょうけれど、今うちの会社、バラバラになってんのよ。それもこれもあの町村が戻ってきたせいで！」

私はおそるおそる、あたりを見回した。

「誰もいないわよ。いても構わないわよ。みんな知ってることなんだから。いわゆる町村派と、反町村派。これにきっぱり分かれているのよ」

三田村さんは、ため息をついた。

「あの町村っていう男はね……あなたも見たでしょうけれど、言葉の暴力の使い方を知っているのよ。人を委縮させて、コントロールする。攻撃を加える犠牲者と、攻撃を加えない味方を作って、双方を階層化して、支配するの。あれはパワハラとか生ぬるいもんじゃないわ。悪魔よ、悪魔」

そこまで言って、三田村さんは私を見た。

「あなたはどっちなんでしょうね？　山田さん。あいつに呼ばれたんだって？」

私は手がちぎれんばかりに振った。振りまくった。

「いえいえいえ、そんな、私ごときを、どうしようというんです？　単に班目教授の近況を聞いてきただけですよ」

そう言うと、三田村さんは私から目をそらした。

「長谷川さんはね、すっかり町村派に収まって、派閥の中心にいると勘違いしている。それで、あなたが町村さんに呼ばれたからって、ライバル視したんじゃないかな」

Nジェネティクス社の中で、そんなことが起こっているとは。信じがたかった。

しかし長谷川さんの様子を見ていると、話の辻褄はあうと思った。

そして町村常務の持つ、言い知れない不気味さの正体も、三田村さんの言っていることが真の姿だと思われた。彼は恐怖で人を支配する。私の目の前で三田村さんを攻撃し、私を支配して『アイデア・ノート』を入手しようとした？　そういう陰謀を、この会社中で広めているのかもしれない。


「それで……他に何か話をした？」

三田村さんが訊いた。

「桜井さんの話をしました」

そう私が言った瞬間、三田村さんの様子が一変した。彼女の顔はこわばった。

「桜井さんはね、気の毒な人だった。彼女も町村の犠牲者なのよ」

「えっ、どういうことですか？」

三田村さんは私の肩をつかんだ。

「いい？　他の誰が何と言おうと、今から私が言うことを信じなさい。まず町村と班目教授がもめたのは、一方的に町村が悪い。町村はあの性格でしょう？　班目教授をコントロール下に置こうとして失敗して、ブチ切れただけ。それでいったんマレーシアに移った。社内向けには、さんざん班目教授の悪口を言って、自分は保身しようとした。そして班目教授をやっつける計画を練ったの。後任には何も知らない桜井さんがついた。桜井さんは、マレーシアに移った町村から、前任者という立場で総攻撃を受けて心を病んだの。なんでだかわかる？」

「わかりません」

私は消え入るような声で答えた。

「桜井さんがうまく班目教授と連携できたら、自分の立場がないからよ」

そんな理由で……。

そしてふと、私は長谷川さんの言葉を思い出した。

『班目教授の側に立つな』

この警告は、町村常務が日本に帰国することが決まる前に長谷川さんから言われたことだった。まだ、町村派となってしまう前の、長谷川さんの本心だったのかもしれない。

「桜井さんと私は同期で、友達だった。それで私はずっと町村を警戒していたんだけれど、先日のプレゼンでは押し負けてしまった」

「いや……あれは三田村さんのプレゼンが悪いわけでは……」

もはや明確なのだ。故意に三田村さんを貶めただけなのだ。

でも、三田村さんは強い人だった。彼女は泣き言をひとつも言わなかった。

「それで……町村常務が、班目教授をやっつける計画というのは……？」

私はもう、涙目になっていた。怖くて怖くて、たまらなかった。

三田村さんは、ここにきて初めて声を潜めた。

「ここから先は、いろいろな情報を集めてたどりついた私の推測……彼は新しい会社を作るの。町村一派でここを出てＮジェネティクスと班目教授をつぶすのよ」

「どうやって？」

「班目教授の持っているすべてを盗むのよ」

山田の学びメモ

「デスクワーク」を科学的に考えると?

- 仕事を放置すると、
後で「探す手間」が余計にかかる

- たまった仕事は、オシッコと同じ。
でもオシッコは溜まるとトイレに行きたくなるけど、
仕事は溜まっても感知しにくい…

- 溜まった仕事が自然には減ることはない
(エントロピーは自然には減らない)

- たとえば私が一日7回トイレに行くように、
それぞれのペースで定期的に捨てるべき?

溜まった仕事、勝手に片付いてくれたらいいのに…

班目教授の講座 4 時間目

「エントロピー」は計算式で導ける

エントロピーとは「乱雑さ」であると言った。しかし、エントロピーという言葉はいろいろな分野で使われる単語なので、必ずしもエントロピーが「乱雑さ」を示すとはかぎらない。

ひとつ、熱力学という分野でのエントロピーの考え方を紹介しよう。

熱力学とは、19世紀なかばから、熱を扱うための技術が熱機関とともに発達し、熱機関の効率性の向上、さらには限界を知るために熱のもつ性質を物理的に明らかにすることが求められ発達した学問である。

温度や熱というものは日常的なものであるが、具体的な実体をとらえにくいものである。そのような量を物理的にとり扱うことが熱力学の本題である。

熱力学では、下のような式で、エントロピーが定義されている。

式にある通り、熱力学の分野では、エントロピーは計算できるのである。ただ、この式、理解できるだろうか？

外部から熱をもらえば、その熱を吐き出さない限り、自分自身の内部に熱は溜まり続けて、自分自身のエネルギーは高まる（その結果、自分自身を構成する粒子は乱雑に運動し始めるだろう）。

しかし、分母がややこしい。もらった熱を自分自身の温度で割るということは、どういうことだろう。これは何を意味するのか。

$$\text{エントロピー} = \frac{\text{体系がもらった熱量}}{\text{体系の絶対温度}}$$

※絶対温度とは単位ケルビン[K]で表される「温度」であり、例えば「摂氏[℃]＋273」と考えてよい。

［エントロピーの計算式］

『マックスウェルの悪魔』（都筑卓司）という名著[13]は、こんなたとえをしている。熱をお金に置き換えてみようというのだ。

もらった熱量というのは、他人からお金をもらうことと考える。一定の熱量……例えば「一万円」をもらったとしよう。

もらう本人がお金のない苦学生であれ、大会社の御曹司であれ、「一万円」だけエネルギーが上がる。エントロピーとは、その「一万円」をもらったときの嬉しさの程度なのだという。

お金のない苦学生（＝絶対温度が低い）なら大喜びして活性化するだろうし、もしかすると混乱するかもしれない。一方で、お金に困っていない御曹司（＝絶対温度が高い）であれば、何も感じないかもしれない。

以上、熱力学の分野でのエントロピーの定義の話であり、計算できることを示す例の紹介である。

13）都筑卓司．新装版マックスウェルの悪魔．講談社，2002年．

CROSS MEDIA GROUP

読者の皆さまへ

クロスメディア・パブリッシングの書籍を読んでいただきありがとうございます。

ビジネス書の出版社としてスタートしたクロスメディアグループは、メディアの多様化と社会・経済・技術のパラダイムシフトに応えるように事業を多角的に展開してきました。そして現在は、メディア・コンテンツの企画・制作で培った編集力を用いて、出版にとどまらず、人や企業、事業、そして社会を編集する仕事（編集4.0）を行っています。

ネットやスマホ、SNSの登場により、誰でも情報発信ができるようになりました。このような背景もあり、今後は情報の質や扱いが問われるようになり、編集された付加価値の高い情報を発信できることが、ビジネスでの個人や企業の競争力となるでしょう。

この時代の潮流に、私たちはMedia as a Service（MaaS：マース）というコンセプトを提唱し、人と企業の情報価値の最大化を全社を挙げて行っていきます。そして、「メディアを通じて人と企業の成長に寄与する事業を行い、社会に新しい価値を提供する」というビジョンの実現を通じて、企業価値と社会価値の向上に努めてまいります。

クロスメディアグループ株式会社
代表取締役
小早川幸一郎

第五章

「感情」が隠してしまうデータの真実

〜「データ分析」を科学的に考える〜

滋賀・彦根の積雪、平年の3550%に　記録的大雪続く

気象庁が公開するアメダスのデータによると、27日午前8時の彦根市の積雪は71センチで、平年（2センチ）の3550%となった。

滋賀県高島市今津も72センチで平年比1800%、京都府舞鶴市も平年比1650%となっている。

（京都新聞　2021年12月27日付より一部を抜粋）

「今日はツイていない」は錯覚？

あんな話を聞くんじゃなかった。

もし戻れるならば、三田村さんに声を掛けられる前に戻りたい。いいや、もっと前だ。班目教授との連絡係を拝命する前？　いいや、そもそもNジェネティクスに就職する前……？

でも、他の会社だったとしても、同じような話はあるのかもしれない。むしろ、今までが何もなさ過ぎただけかもしれない。世の中には暗い話が満ち溢れている。若手社員の離職率の高さ。うつ病の発症。ハラスメントによる退職と訴訟。果ては殺傷事件まで。これが普通の姿というならば、私はありもしないｉｆ……過去へ戻る空想などで遊ばず、現実を直視して最善を尽くす他はない。

そして今、私はものすごく気まずい状況の中にいる。

会社の公用車である四人乗りの白いバンの助手席に私は座っている。運転しているのは片栗企画課長だ。そして後部座席には長谷川さんと三田村さんが座っている。車内では誰もまったく話さない。唯一、片栗課長がとあるラーメン店の前を通りかかり「あの店知ってる？　激安だよな。七百円でチャーシュー麺が食える」と言い、私が「じゅうぶん高いですよ」と答えただけだ。

ちらりとバックミラーを覗いた。三田村さんの血走った目と、視線が合った。こんなおっかない車など放り出して、私は自分のマンションに逃げ帰りたかった。でも、そういうわけにもいかなかった。私はこの日の主役だった。この企画課のメンバーで班目教授と会うことになっていた。連絡担当の私がいなくては、何も始まらないのだ。

とにかく一刻も早く現地について、車から降りたい。

そういうときに限って、道は混んでいた。普段ならば会社から東京科学技術大学まで車で20分もかからないところが、この日はどうしてか混んでいて、20分たっても私たちはまだ港区を出られないでいた。

「どうなってんだ、こりゃ」

片栗さんは頭をかきながら、言った。

とにかくすべての交差点で赤信号のため停車するのである。私たちは会社を出てから、すんなりと青信号で通過できたことがなかった。

「よりによって、こんな、早くついてほしいときに限って……！」

私は言った。

「こんな……？」

片栗課長は訊いてきた。私は口をつぐんだ。こんな車内に閉じ込められるのは嫌、なんて言えない。

「ああ、班目教授は気難しい人だからね。直接やり取りしている山田さんならば、よく知っているだろう？　実際どんな人だい？」

私はしばらく考えた。

「兎を背中に背負って、髪の毛がすべて逆立っている大男ですね」

「なにそれ、妖怪？」

私は笑った。

「もし遅刻しようものなら、さぞかし班目教授は立腹されるだろうね。山田君、連絡を差し上げたら？」

「そうしましょう」

私はスマートホンをカバンから取り出して、打ち合わせの時間に遅れる旨を、班目教授に連絡した。

結局、班目教授との打ち合わせの場には、三十分遅れて到着した。

「お待たせして、すみませんでした」

片栗課長と私をはじめ、全員、頭を下げた。班目教授は、黙って頷いた。

「本当に申し訳ない。異様に赤信号ばっかりに引っかかりまして。今日はツイていないです」と片栗課長は言った。

班目教授はピクリと反応した。片栗課長を見た。

「特異的に赤信号に引っかかる人は存在しませんよ。信号の青信号と赤信号の比率は、交通量などによって決まる。すなわち、赤信号の確率は平等。ツイていないから赤信号に引っかかるというのは錯覚です。青信号のときはありがたみを感じず、記憶には残らないので『ツイているな』とも思わない。赤信号のときだけ『ツイてないなぁ』と認識したのでは？　従って、貴君たちが早く出なかっただけですよ」

アハハ、と片栗課長は笑って、それから私を見た。課長の顔には「君も大変だね」と書いてあるように見えた。

そのグラフは「意図的に」つくられていないか？

班目研究室の隣にある会議室に私たちは移動して、そこでプレゼンの準備を始めた。今日のプレゼンターは私である。班目教授と開発してきたドクターズコスメについてのアンケート結果を報告し、これから改良する方向性について議論するのだ。

私はプレゼンの準備をしながら、三田村さんと長谷川さんの様子をちらりと見た。三田村さんは憮然とした表情を浮かべ、腕を組んで椅子に座っていた。一方の長谷川さんは、会議室の隅の方の少し離れた位置に椅子を置き、息を殺すように座っていた。意識的に気配を消しているのがありありと見て取れた。班目教授を避けているのだろう。町村常務の手前、なるべく班目教授と会話をしないように決め込んでいるのかもしれない。

プレゼンの準備が整い、私は話し始めた。

「本日のミーティングの趣旨を説明します。班目教授と開発しているドクターズコスメについて、これまで五年間に蓄積されたアンケート結果などをまとめ、今後の方針について議論したいと思います」

私は用意したグラフを見せた。

「こちらは、ドクターズコスメと、比較のために弊社の他製品を使用してもらった、モニター100名の方の満足度の回答です。満足度は満点を100点としています。性別と年齢としてはF1層で、居住地や職業などに偏りはありません。結果としては、弊社の類似の他製品との満足度の差は10%もあり、優れていたことがわかりました。

「このグラフは、それぞれ100名のデータの平均値を表しているんだね」と、班目教授が訊いてきた。

「その通りです」

「たしかに両者で差があることが、このグラフからわかる。さて、我々研究者がこのようなグラフを見たときに気になるのが、母集団がどれぐらいバラついているか、だ」

「母集団……ですか？」

「例えば、この世界に存在するドクターズコスメの利用者は、このアンケートに協力してくれた100名だけかな？」

「そんなことはありません。利用者は何万人もいます」

「そう、その利用者全体のことを統計学の世界では母集団と言う。そしてア

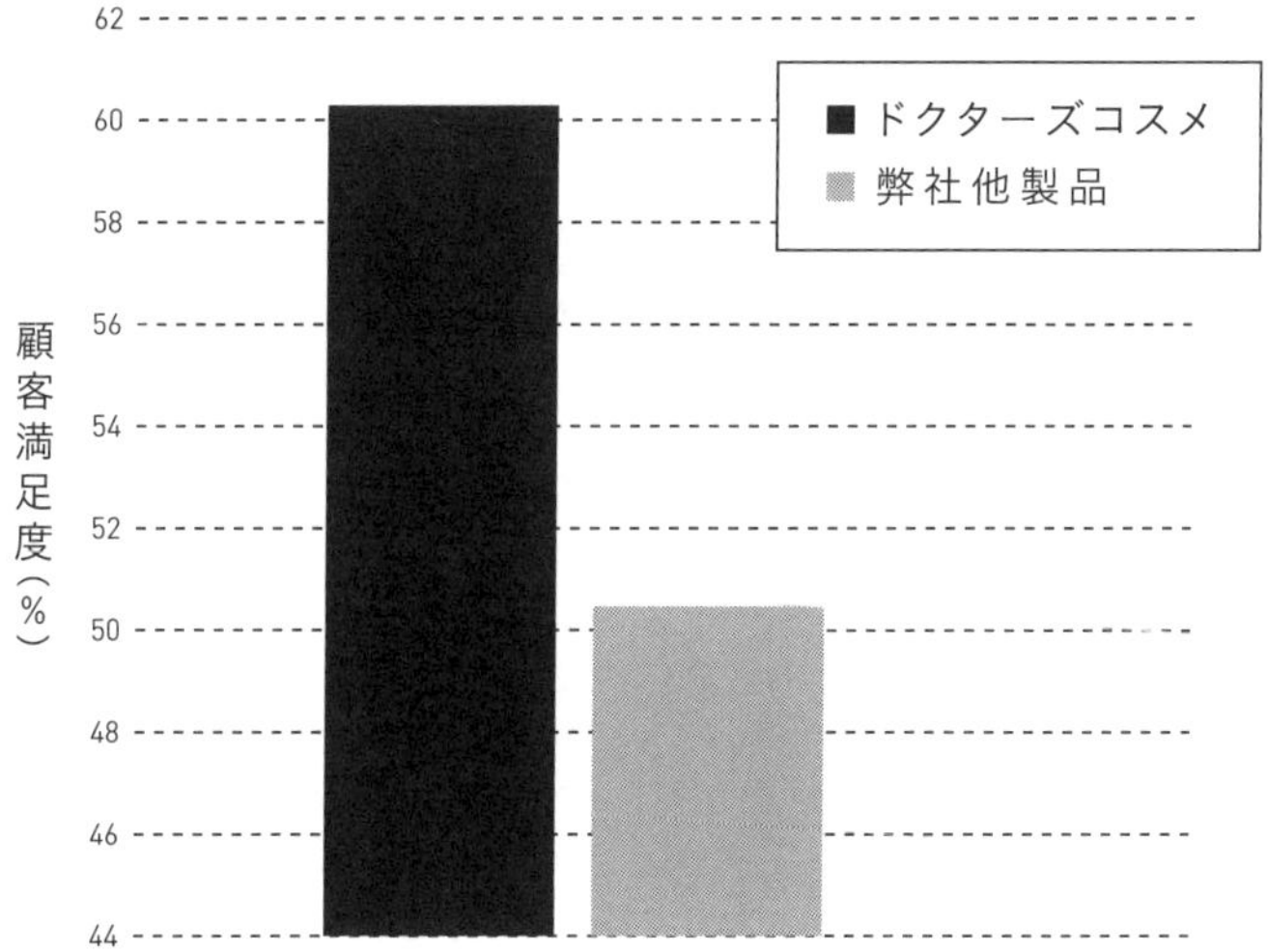

［顧客満足度の比較グラフ（山田作成）］

ンケートに協力してくれた人の回答を標本と言う」

（例えばあるコスメの場合）

母集団：そのコスメの利用者全体のこと。利用者全体のアンケートは取れない

標本：そのコスメの利用者のなかで、アンケートに答えた一部の人のこと

「母集団のデータは取りようがない……だから標本のデータを集めてきて、標本の平均値を求めて比較する……ということを私たちはしているのです」

「そうだ。貴君たちが欲しいのは、母集団の情報か？　それとも標本の情報？」

私は三田村さんと片栗課長の顔を見た。二人とも不思議そうな顔をしていた。

「そりゃあ、母集団の情報が欲しいです。それぞれのコスメの利用者全体（母集団）のことを理解しようとして、アンケート（標本）を取っているのですから」

「そうだな、研究者たちも同じように考える。そこで標準偏差、**正確には不偏標準偏差というものを用いて、母集団のデータのバラツキを推定するんだ**」

「標準偏差」を見れば、全体の傾向がわかる

「母集団のバラツキが推定できる……それはどのようなものですか？」

「今回のコスメのアンケートの場合、100点満点で満足度を回答してもらっているんだよね。その点数が、このコスメを利用する全員のなかで、どれくらいバラついているかということが推測できるんだ」

「どれほどそのコスメに対する意見が分かれているか……ということですね」

片栗課長が横から言った。

「その通り。では、このグラフに、不偏標準偏差を付け足してみよう。貴君、生データ……このグラフを作るときに使用したデータはあるかな？」

私は慌ててノートパソコンの中のファイルを探した。私は先ほどのグラフをExcelソフトで作成していた。そのExcelのファイルを見つけて、ノートパソコンごと班目教授に渡した。彼は恐ろしいほどの速度でキーボードをたたき、計算をし始

めた。

やがて、下のようなグラフができた。

「違いがわかるかな？　二つある」

「縦軸が変わりました。先生のグラフは縦軸がゼロから百までに変わりました」

「うん。まぁ、ゼロから百までが正しいわけではないが、あることに気が付いてほしくて、このようにしたのだ。貴君のグラフと見比べてほしい。貴君のグラフは、ドクターズコスメと他製品の顧客満足度が大きく異なるように見えるが、縦軸を変えただけで、その印象は変わって見えるだろう。貴君たちのグラフは、**見る人に『（実は違いは**

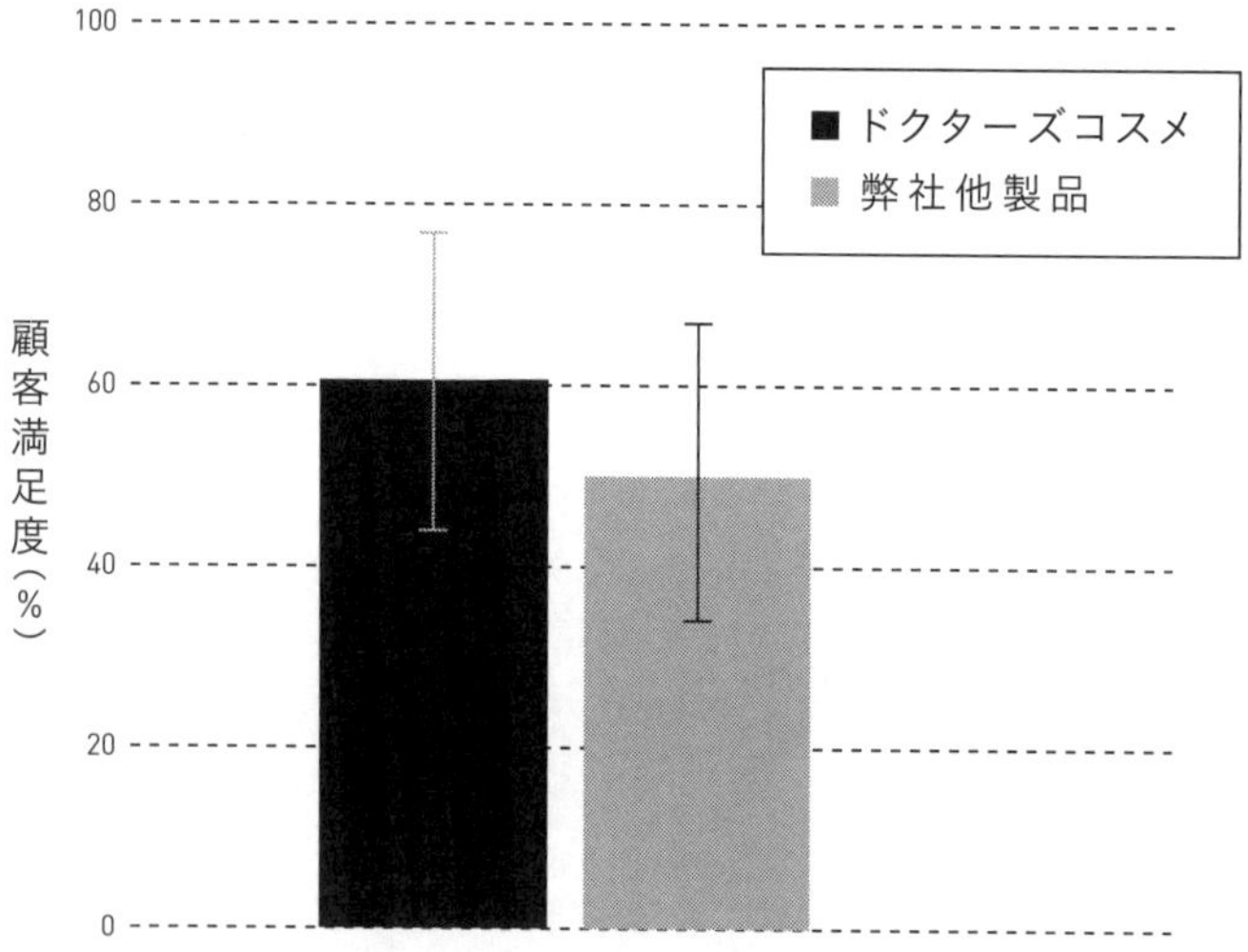

［顧客満足度の比較グラフ（班目作成）］

それほどないんだけれど）大きな違いがありますよ』と伝わるように作られていると言われる恐れがある」

そんなことは、考えていません、と私は言いたかった。でも、言えなかった。実のところ、私は「何も考えていなかった」のだ。Excelのシートにデータを入れて、自動でグラフが出来上がっただけだ。

私は縦軸を故意に変えてはいなかった。Excelが自動で、見やすいようにしてくれたんだろう。裏を返せば、Excelを使う他の多くのビジネスパーソンも、同じことをやってしまっているのかもしれない。

「さて、二つ目の違いは何だろう？　こちらの方が重要だ」

「グラフに棒が付いています」

「そう。エラーバーだ。このバーは不偏標準偏差を表している。不偏標準偏差は、データの平均値に対して『おもにこの範囲にデータが集中している』と示すもので、公式によって導ける。詳しく説明するとややこしいので割愛するが、**多くの場合、不偏標準偏差の範囲に全体の68％のデータが含まれる**」

班目教授は、グラフにつけられたバーを指で示した。

15）池田郁男．実験で使うとこだけ生物統計1　キホンのキ　改訂版．羊土社,2015.

「グラフには不偏標準偏差などのエラーバーを付けるのが研究者の世界では基本だ。貴君が用いたExcelというソフトウェアでは、不偏標準偏差は関数『STDEV』を使うことで簡単に求められる。コスメの利用者全体（母集団）のデータの68％が存在すると期待される範囲が、不偏標準偏差のエラーバーで表わされている」

「不偏標準偏差を用いることで、**私たちが調べることができない母集団のことがわかるんですね！**」

「さらに、不偏標準偏差の2倍のエラーバーをつけると、その範囲に母集団の96％が含まれることが期待される。母集団のデータがどの範囲に収まっているか、そしてどれくらいバラついているかを推定できる。これが統計学の威力だ。このエラーバーが大きいほど、そのコスメの利用者全体（母集団）のデータがバラついている……すなわち課長殿が言ったように、どれほどそのコスメに対する意見が分かれているか……ということが推定できる」

私はグラフのエラーバーをじっと見た。

「若干ですが、弊社他製品と比較して、ドクターズコスメのエラーバーが大きいように見えます。不偏標準偏差が大きいということは、商品に大満足している人もい

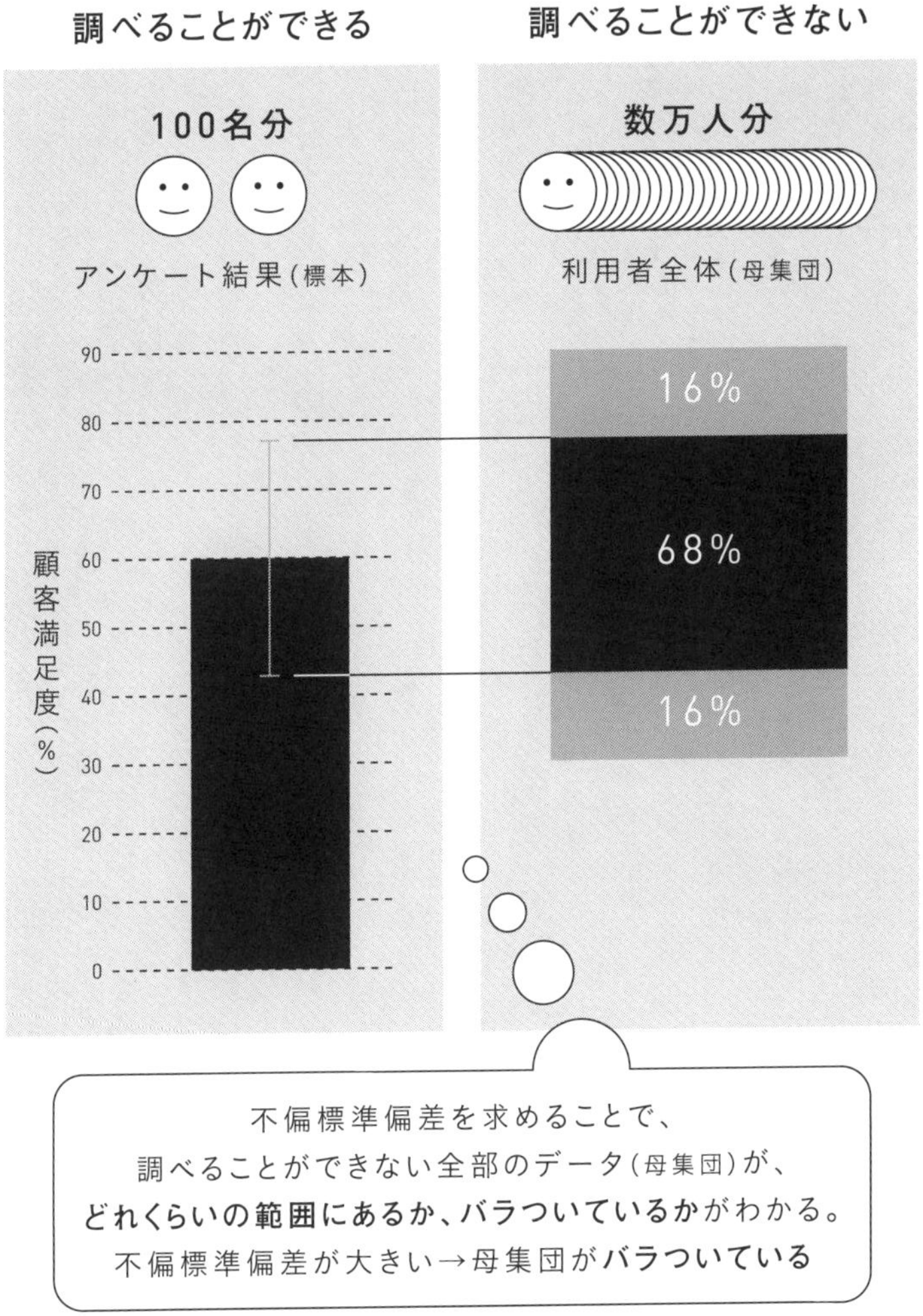

調べることができる
調べることができない
100名分
数万人分
アンケート結果（標本）
利用者全体（母集団）
90
80
70
60
50
40
30
20
10
0
顧客満足度（%）
16%
68%
16%
不偏標準偏差を求めることで、
調べることができない全部のデータ（母集団）が、
どれくらいの範囲にあるか、バラついているかがわかる。
不偏標準偏差が大きい→母集団がバラついている

［不偏標準偏差からわかること］

れば、まったく気に入らない人もいる傾向が強いということを表しているんですね」

私はエラーバーをつける意味、その大きさの意味、そしてエラーバーが重なっていることの意味が理解できた。

そのデータは「正規分布」をとるか？

そこまで言って班目教授は、言いにくそうな顔をした。

「ひとつ言っていなかったことがある。標準偏差の範囲に全体の68％のデータが含まれるというのは、データが正規分布をしているときにのみ成り立つ話なんだ」

「正規分布……？」

私がぽかんとしている様子を見て、班目教授は説明を続けた。

「貴君の調査のように、横軸が顧客満足度、縦軸がその満足度を回答したモニターの人数……そのようなグラフを描いた場合、平均値を中心として釣鐘状になれば、正規分布をとっていると言える」

「一般的に、どういうものが正規分布をとるのですか？」

「例えば自動車の事故の頻度や、降ってくる雨粒の直径は正規分布をとる例として有名だ。貴君たちが先ほど口にした、赤信号で車が止まる事象は、正規分布に従うかもしれない」

「帰り道にデータをとってみますかね？」

片栗課長が楽しそうに言った。班目教授は笑った。

「それでは貴君たちのデータを確認してみよう。このグラフのような平均値としてまとめたものではなく、それぞれのモニターの顧客満足度の回答がわかるデータはあるかね？」

平均値を出す前の生のデータ、ということだ。もちろん私は、平均値を計算するためにそのデータを持っていた。私はそれらのデータをディスプレイに表示した。

「これがモニター百名の顧客満足度だね。先に見た平均値と再頻値（最も多く現れる値）と中央値（分布の中心）が一致するので、正規分布をとると考えていい。[16] 正規分布の話から、別の大切なことが見えてくる。正規分布をとらないような場合、平均値だけで分析すると本質が見えないことがある。年収を例にとって考えよう。ある

16)豊田秀樹 他.原因を探る統計学.講談社,1992.

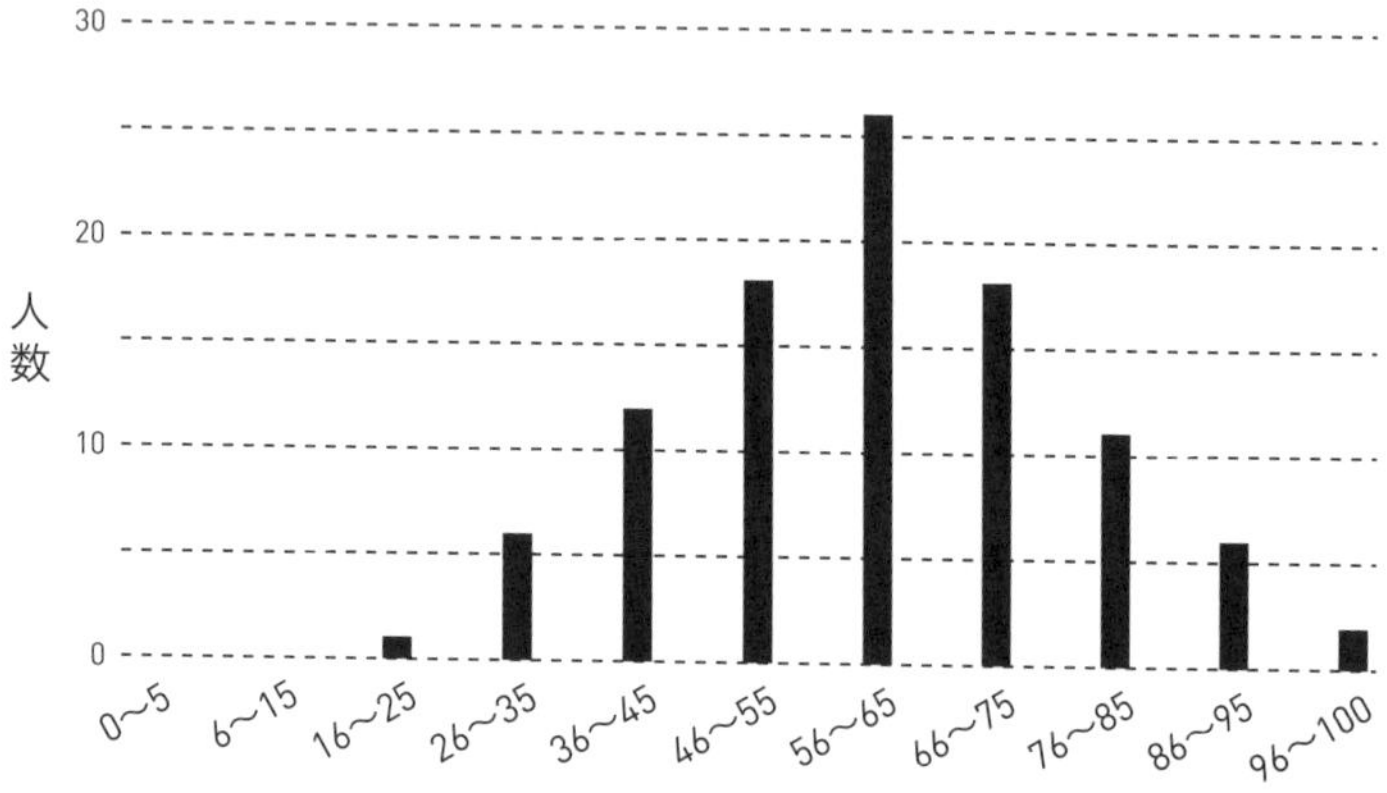

[ドクターズコスメの評価点(満点100点)]

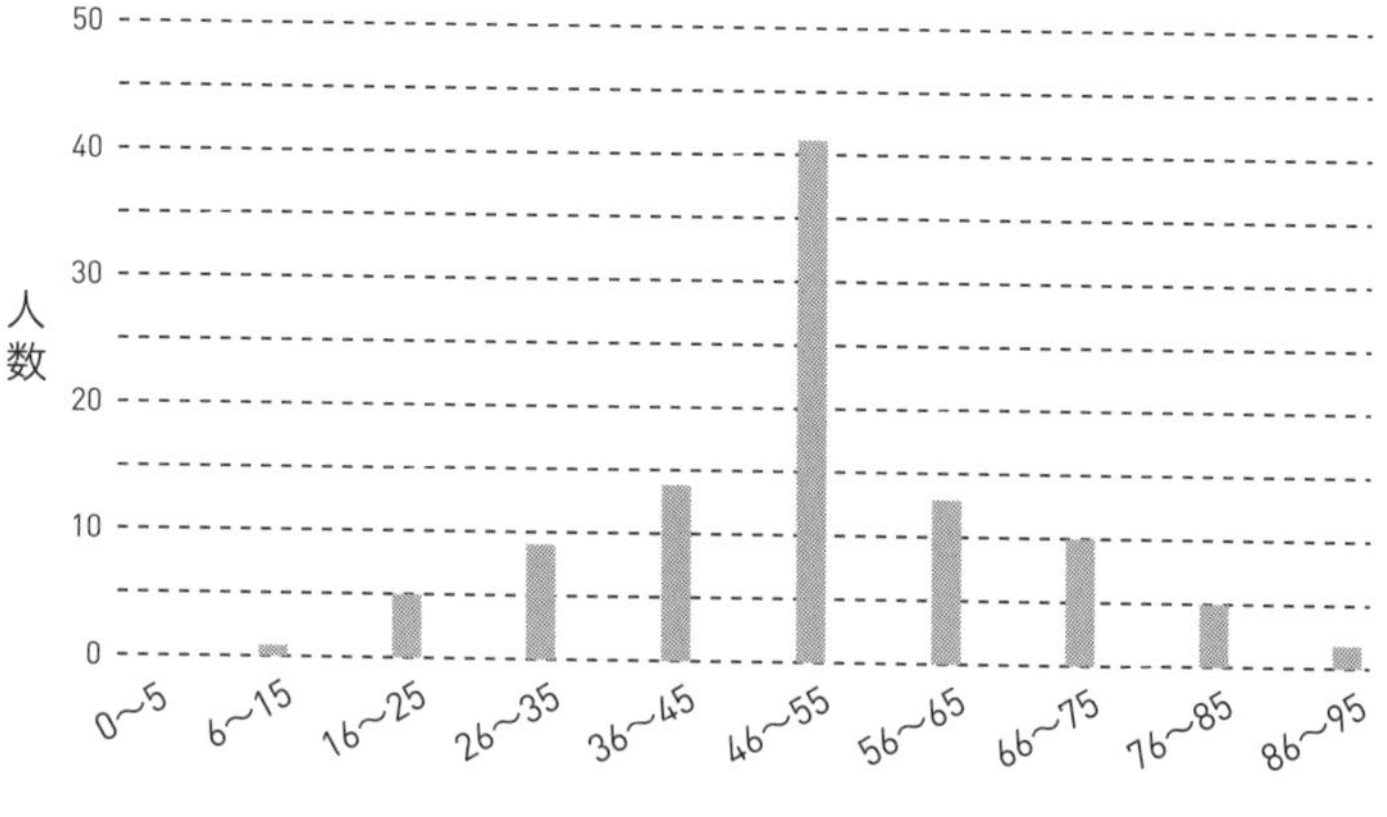

[弊社類似品の評価点(満点100点)]

年の日本全体の男女の平均年収は461万円、年収の中央値は433万円だった。30万円ほどの差がある。この差はどこから来るかというと、計算方法に他ならない。平均値は、年収が極めて高額な希な場合の影響を受けて、中央値より高めに現れる。一方で中央値は、その値までに含まれる人数が全体の50%であるので、一般的な感覚に近いと言えるね」

班目教授はホワイトボードを指さした。

「ここまでの話をまとめよう。つまり、**平均値だけを求めて終わりというのはもったいない**。生のデータを見て、そこから平均値として評価するのか、中央値として評価するのかを決めたり、不偏標準偏差を求めて、母集団のバラツキを推定することは重要だ。そういった思考が働かず、平均値だけを評価すれば、『ものすごく低い値・もしくは高い値』の存在を見落とすことになる。先ほどの場合だと、ドクターズコスメに著しく悪い評価を与えている人たちの存在を見落としてしまうことになる」

「なるほど、そこにビジネスチャンスを見出す可能性があるかもしれませんね」

片栗課長はつぶやくように言った。課長は言葉を続けた。

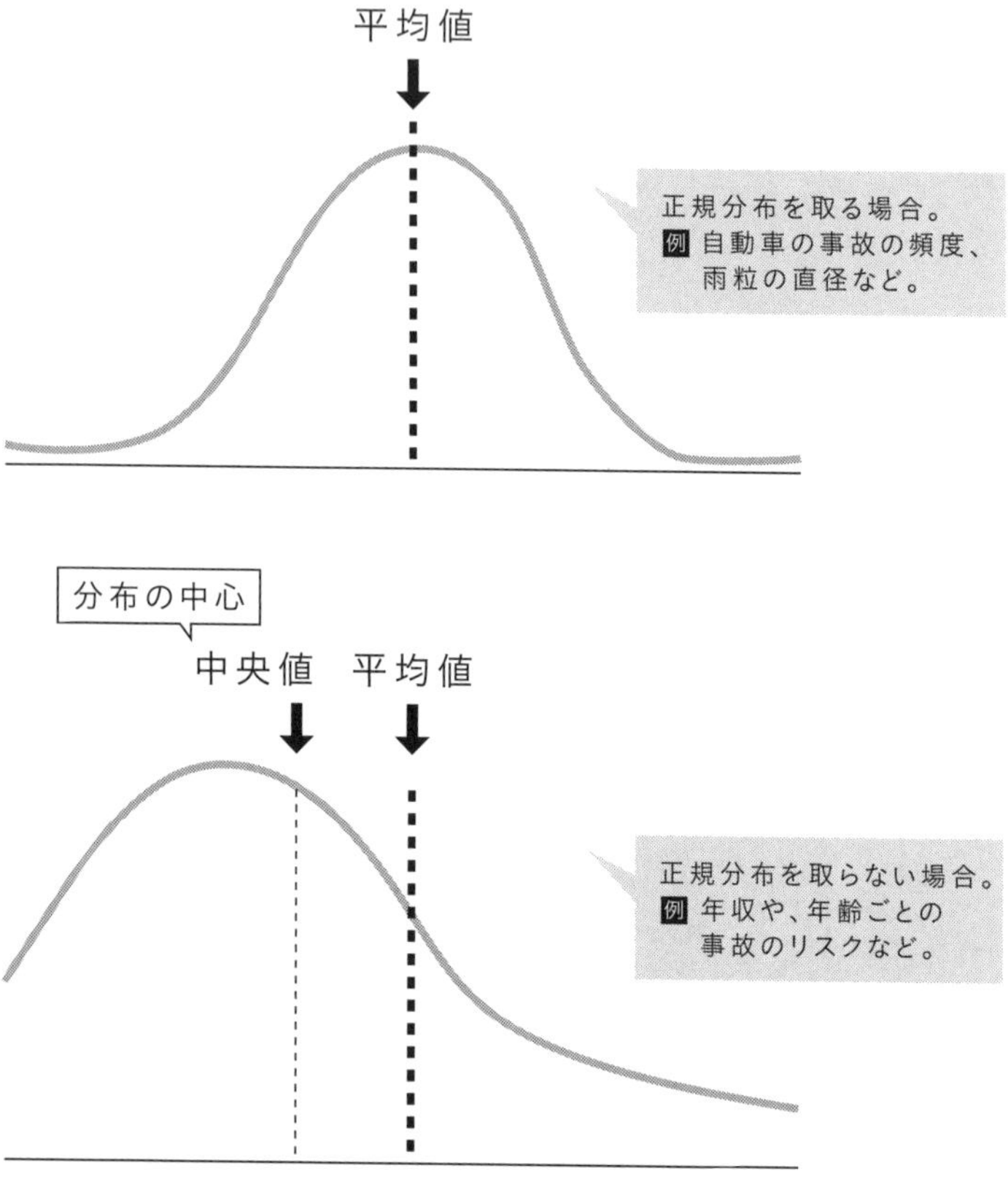
平均値
正規分布を取る場合。
例 自動車の事故の頻度、
雨粒の直径など。
分布の中心
中央値
平均値
正規分布を取らない場合。
例 年収や、年齢ごとの
事故のリスクなど。

平均値（データの合計をデータの個数で割って得られる値）と中央値（各データを大きさの順に並べ替えたとき、ちょうど順番が真ん中になる値）が異なる点に注意。

［平均値と中央値の違い］

「いや、失礼。班目教授の話をお聞きしていて、どこをどうビジネスの世界で使えるのかなと、ずっと考えていたんです。今お話を聞いて納得しました。これは私たちにとって勉強になります」

数字に対する「主観」はいらない

それからさらに会議は続いた。班目教授と開発しているドクターズコスメについて、使用者のアンケート結果を説明し、今後の方針について議論するまでに一時間ほど要した。私がアンケート結果から見出して、Nジェネティクスの企画課内で方針を一本化したドクターズコスメの改良するべきポイント「即効性のある使用感」も、班目教授に納得してもらうことができた。

班目教授が疑問点を述べ、私が回答するたびに話が停止したため、時間はかかった。しかし、その分だけ、議論の内容はしっかりと定まったと思う。

用意した議題が終了したあと、班目教授は、これだけは伝えておきたいと言った。

「研究者は、複数の値を比較するとき、**『著しく』大きいとか、差は『わずか』である、という表現は極力使用しない。**なぜなら、著しいとか、わずかという言葉は、あくまで印象であり、誤解なく伝えることができないからだ。例えば『著しい』のイメージは、研究者や研究対象によって、2倍であったり10倍であったりする」

「たしかに。例えば激安という言葉があっても、人によって受け取り方が違いますね。七百円のラーメンを激安と言われても、高いと感じる人もいるでしょう」

私は片栗課長をチラリと見ながら言った。

班目教授は頷いた。

「そう。そのような不確かな言葉は、すべての研究者たちが事実を共有して前進していく科学の世界では、排除されなくてはならない。じゃあ、どのようにすればいいかというと、2倍であったり10倍であったり、というように数値で説明すればいい。**私たちが議論するべきは、数値化されたものであるべきなのだ**」

私たちは頷いた。

「化粧品の話にたとえると、『この化粧品は肌の保湿力が高いと、みんなが評価している』という説明をした場合、『この化粧品は肌の保湿力が高いと、何人中の何人が評価している』と言い換えると良い」

私はウンウンと頷いた。

すると、班目教授は不思議そうな顔をした。

「貴君はもっと嫌な顔をすると思った」

「そんなことはありませんよ」

私は憮然として言った。

「それは失敬。貴君もずいぶん数字に慣れてくれたようでうれしい。さて、数字に慣れてくると、別の問題が起こり始める。数字を間違って使ってしまうというものだ。例えば、過去にこんなニュースがあった。『滋賀・彦根の積雪、平年の3550％に』という記事だ」

「3550％ですか……？」

「すぐにイメージが湧くかね？」

「ええと、積雪量がすごく増えたんだなってことはわかります」

「おそらく記者さんは、ちゃんと計算したうえで、％表示にして大きな数字を見せることで、積雪量の異常さを伝えようとしたのかもしれないけれど、単にわかりやすく約35倍と書いても良かった」

私は頷いた。約35倍のほうがわかりやすいかもしれない。

「逆に、**世の中には恣意的にデータの分析方法を誤らせたり、自分のデータを良く見せたりして、都合の良いように誘導する人間もいる。**数字を巧みに駆使して、人を動かそうとする人もいる。貴君たちの中で、そういう人物がいないか、注意することだ。そして、そういった人間に対しては、正しい分析方法とデータの見方……例えば平均値だけにとらわれずエラーバーに注目するなど、注意深く見る姿勢で向き合うことが大切なのだ」

班目教授の言葉を聞きながら、私はふと、自分の変化について考えてみた。

班目と出会う前の自分は、今日のような会話を理解できただろうか？　興味を持てただろうか？

班目と接するうちに、理系出身ではない自分の中で、理系的なものの見方ができるようになり、視野が広がり、また自信が身についてきた気がするのだった。

班目教授のもとを後にして、私たちは会社へ戻った。

結局、帰りの車の中でも長谷川さんは一言もしゃべらなかった。長谷川さんと三田村さんの間には、どちらかが喋ってしまえば負け、という変なゲームでもしているような空気感さえあった。

片栗課長は、おかしなことに、帰り道の赤信号と青信号をすべてチェックして、私にメモを取らせていた。

「ううん、やっぱり赤信号の方が多かった。ツイてないってことだよなぁ」

会社の駐車場に車を入れながら、片栗課長は言った。

「今度、三田村さんか長谷川君が運転してくれよ。実験をしよう」

そう声をかけたが、二人ともそれぞれ反応せず、車から降りた。


オフィスに戻り、私たちはそれぞれのデスクに着席した。

片栗課長が椅子に腰かけようとして、私を見て、言った。

「君を班目教授との連絡役にして、良かったよ」

私は驚いた顔をして、課長を見た。

「そうですか？」

「君はたぶん、行動力や発想力はあると思う。でも、論理性や緻密さが足りないかなと思っていた。そういう点を、班目教授と仕事することで補ってくれればいいなと思っていたんだ」

ちゃんと私の性質を考えて、班目教授と組まされたのだと、私は初めて知った。

「今日の様子を見ていると、君に足らなかった部分をしっかり学べていることがわかった。それに君は、班目教授のペースにしっかりとついていけている。たぶん、他の誰も、同じようにはできなかっただろうね」

それから片栗課長は自分のデスクのパソコンの電源を入れて、仕事を始めた。

班目教授にダメ出しされてばかりだと思っていたが、課長からそのように評価されていることを知り、私は嬉しさのあまり、しばらく冷静に仕事ができなかった。

自分のパソコンを立ち上げ、うわついた気持ちでメールのチェックをしていると、1通のメールが飛び込んできていた。差出人は長谷川さんだった。

話したいことがあるから『小会議室』に来てほしい、と書かれていた。

長谷川先輩の思惑

小会議室という、六畳間ほどの部屋のドアに『空室』というプレートがぶら下がっている。長谷川さんは慣れた手つきでひっくり返して『使用中』を表にした。

小会議室には椅子が六脚あった。そのうちの一つに、長谷川さんが腰を下ろした。

私は少し離れたところに座った。

「班目教授との仕事は順調のようだね。課長からも評価されて、良かったね」

「ありがとうございます」と、私は素直に喜んだ。

「うん。ビタミンCの錠剤って言ったのが、同じ人だとは思えない」

「えっ？　長谷川さん、あのアイデア好きだって言ってたじゃないですか」

「ははは」

長谷川さんは笑った。私は口をへの字に曲げた。

「……それで話って、なんですか？」

長谷川さんは、左右の手の指を揉みながら、言った。

「あれから……町村常務から、何か声がかかったりしたことはあった？」

「へっ？」

私は変な声が出た。あれからというのは、私が町村常務から班目教授のアイデア・ノートをとってこい、と言われたときのことを指しているのだろう。

「いや、何もないですよ。一回こっきりです」

「そうか……」

そうつぶやき、長谷川さんは窓の外を見た。この建物と同じようなオフィスビルが見えた。ビルは青黒い窓ガラスでおおわれていて、中の様子は見えなかった。

しばらくして、重い口ぶりで、彼は言った。

「実は、僕は町村常務からとある密命を受けているんだ」

私はドキリとした。一方で、平静を装うことにした。

「町村常務は、このNジェネティクス社から離れて、新たに別の会社を興す計画を持っているんだ。ほら、常務は五年間、マレーシアにいただろう？　あちらで構築した人脈とか、開発した設備を、Nジェネティクス社のために使う気ではないんだ」

三田村さんから聞いた話のことだ、と私は気が付いた。

ただ、ひとつ疑問があった。三田村さんはこんな話を、誰から聞いたんだろう？

また、どうして長谷川さんは私に話をするんだろう。それらの疑問は置いておいて、私は彼の言葉の続きを待った。

「今、その新会社の幹部候補を社内で集めていて、そのひとりが僕だというんだ。光栄なことでもあるし、僕は自分自身を高めるためのチャンスだと思っている」

彼は私の顔を見た。何か私が発言しなければ、先に進まないようだった。

「長谷川さんは、町村常務のことをどう思っているのですか？」

当たり障りのないことを聞いておいた。

「怖い人だと思う。三田村さんへのあたりを見ただろう？　でも、あれにひるむようでは、高みへと進めないと思うんだ。それに町村さんが持つカリスマ性は本物だ。独特の感性で、混沌とした市場から売れ筋の商品を見出して、会社を大きくしてきた業績は疑いようがない。国内外で活躍して、今、常務という位置にいる」

「じゃあ、町村常務の会社に……？」

「お声がかかれば、そうするかもしれない」

「なんでそんな話を私に？」

毎回、この質問ばかりしている気がする。

「そりゃあ、君に声がかかっていたら、どうしようかと思ったんだ。君に声がかかるくらいだったら、手あたり次第、声がかかっていると思うからね」

「失礼な！」

私は心の底から立腹した。アイデア・ノートの話をしてやろうかと思ったが、もちろんやめておいた。

三田村さんの話、長谷川さんの話、それぞれ要約すると、町村常務が新たに会社を興すときのキーポイントが、班目教授のアイデア・ノートのような気がしてきた。どのように使うのか、皆目見当もつかないけれど。

私がいろいろなことを考えている間、長谷川さんはじっと私を見ていた。

「まぁ、君の様子を見ていると、新会社の話は君には伝わっていないようだね。すまないが、僕が今言った話は忘れてくれるかな。ずいぶんと虫のいい話だけれど」

「ほんと、虫のいい話ですよ。でもまぁ、いいですよ。誰も言う相手がいませんし」

長谷川さんはニコリと笑った。別のシチュエーションでその笑顔を見たら、恋に落ちてしまうかもしれないような笑みだった。この話の流れ的には、まっぴらごめんなラブストーリーである。

「で、話はそれだけですか……？」

私はぶっきらぼうに言った。

「実はまだ続きがあるんだ」

まだ？　私は露骨に嫌な顔をしてしまった。彼は私の気持ちなど、何も考えないようにして、続けた。

「実はこの後、僕は町村常務と会うことになっているんだけれど、常務はそこに君も呼べというんだ。だから僕は心配だったんだ。いつの間にか君も仲間だったらどうしようってね。でも、まぁ、そうでないらしいし。というわけで、ちょっと一緒に来てくれるかな？」

いやだなあぁぁぁぁぁ。

と私は心の中で言った。もしかしたら、本当に、口に出てしまったかもしれない。

「ドクターズコスメ」誕生の真実

町村常務室には部屋の主である町村常務と長谷川さんと、私がいた。デスクの向こう側に町村常務が腰かけて、私と長谷川さんは囲むようにして立っていた。

町村常務は話し始めた。

「日本ではあまり意識されないことだが、海外では自分の身は自分で守らなければならないし、簡単に訴訟になる。ビジネスの場は日々戦いであり、自らを守るためにも常に記録を取り続けなくてはならん。そのひとつが音声の記録だ」

町村常務は机の引き出しからICレコーダーを取り出して、私たちに見せた。アイデア・ノートのことではないとわかり、私はホッとため息をついた。

町村常務の手に握られていたのは、銀色の、小型のレコーダーだった。

「君たちだけに聴かせる。五年前、班目教授と私の間で行われた会話を」

「……ですから町村さん。相互に意思疎通するためには、貴君にもこの認識は持っていただきたいのです」

音声は班目教授の言葉から始まった。

「ええ、先生はそうおっしゃるのですがね、逆に私は尋ねますが、私が一度でも、班目先生に対して、ビジネスのことを理解してくれとお願いしたことがありましたかね。ありませんよね？ お互い、それぞれの立場を尊重しあいましょう。私にはビジネスマンという、班目先生には研究者としての立場と役割がある。それぞれを尊重して、役割をわけませんかって話です」

「違う。私が貴君に言いたいのは、立場とか役割とかそういうことではなくて、考え方を共有しようということです。例えば貴君が私に要望を出す。でもその要望は科学的に裏打ちされていない。数値的なデータが何もない。これこれ、こうしてくれというが、これとは何で、どれくらいどうすればいいのか、わからなければ私は何もできない」

「先生、困りましたな。そういう数字的なものを考えるのが、先生の役割というものでしょう。肌の老化を抑制する化粧品を作ってほしい。成分の候補はこれとこれである。先生は、どの成分がいいか、答えてくれればそれでいいのです。どの成分が何％あって、肌の老化を何％抑制するとかいうデータは、私が考えることではないし、顧客も必要としていない。効果があるのかないのか？　それが製品に求められる要素であり、それ以外の何物でもない。そういう全体の方向性、売り方をコントロールするのが私の役割だ」

「百歩譲って、それが貴君の役割だとしよう。そしてデータを分析して、この成分が良いと提案するのが私の役割だとしよう。そうすると、私の意見が正しいかどうかを、誰が評価するというのだ」

「言っている意味がわからん」

「君が求めるものを、私が提供して、それをそのまま貴君は受け入れるのか？」

「班目先生は自信がないのですか？　嘘のデータを我々に提供しようと？　そういうことですか」

「違う。まったく違う。貴君が方向性を示す、私が提案する、貴君がそれを分析してより良い改善案を私に示す、私がその改善を行う……そうやって良いものができるんだ。それが研究者と企業の対話だ。このやりとりの際には、サイエンスにのっとった会話が必要になる。だから、貴君に数字として物事を示すように要望している。そういうことだ」

「そんな分析だとか改善案だとか、私の仕事じゃないんですよ。私はビジネスマンなんですよ。世の中の動向を調査して、売れるものをこの私のアンテナにひっかける。この情報化社会の中の、雑音ばかりの情報の中から、一筋の光を見出す。それは数々の経験に裏打ちされた直感。そうしていくつもの成功を導いてきた。それが先生にできますかね？　できっこないでしょう。できないことを私はお願いしたりしませんよ。だから先生も、私の役割を理解していただいて、先生の役割に巻き込まんでくださいよ」

「わかった。貴君にはもう何も言うまい。では、私は貴君の希望通り、最善の成分を提案しよう。それで、念のために聞いておくが、私の提案が正しいかどうかを、貴君の上の部署の誰が評価するのかな？」

「またその話かぁぁ。私がいいと言えば、誰も反対などせんのよ。それが、私の役割だからね」

町村常務はそこでレコーダーの再生を止めた。

「班目教授は優秀な人だが、このように頑固な頭の持ち主でね。君たちには彼の真実の姿を知っていてほしかったんだ。さて長谷川君。この会話を聞いて、君はどう思う？」

長谷川さんは吐き捨てるように言った。

「いや、この班目教授というのは、まったく理解力がない男ですな。町村常務がおっしゃったことを、理解していない。ビジネスの世界では、常務がおっしゃるように、役割分担が基本です。研究は研究者が行えばいい。我々はマーケティングを行えばいい。それがスペシャリティを最大限に生かした、ソフィスティケートされたビジネスの在り方です。お忙しい常務に研究活動を手伝わせるようなことを要望してくるとは」

「そうだ。それでいて彼は私の役割も無視している。私から言わせれば彼のような研究者など、世の中の動向に疎く、次に訪れるチャンスなどつかもうともせず、実験室にこもっている愚鈍な、十九世紀の遺物のような存在だ。ただ、私はそれを否定せんよ。彼らが発見したものを、マーケティングを駆使して世の中に広めるのが我々の役割だからね」

「その通りです。常務のこれまでの経歴……独自の感性で混沌とした市場から売れ筋の商品を見出して会社を大きくしてきた、そのことに対してのリスペクトがない」

「……山田君はどう思う？　身近で彼を見てきただろう」

私は、一番気になっていたことを、訊ねた。

「このような状態で、よく五年前にドクターズコスメが完成しましたね」

班目教授に対する町村常務の言葉への突っ込みどころが、他になかったわけではない。というか、突っ込みどころしかなかった。長谷川さんに対しても言いたいことはいろいろあったが、もはや彼にはどんな言葉も届かないだろう。

数々の突っ込みどころについて、言っても無駄なことを片っ端から捨てていって、それで残った質問がこれだけだった。どうやって、今のドクターズコスメができたのだろう？

町村さんは、吐き捨てるように言った。

「そんなもの、私の次の担当がやったに決まってるだろ」

「へっ？」

「暇そうな若手社員に代わってもらったよ。そいつは班目の言うことを素直に聞いたのか、聞かなかったのか、よく知らん。だが製品はできた。そのころには私はもうマレーシアへ行き、別のもっと大きなプロジェクトを動かし始めていた」

私は愕然とした。仲違いしながらも、町村常務と班目教授が、今あるドクターズコスメを形にしたとばかり思っていた。でもそれをしたのが町村常務の後任……桜井さんだったとしたら、じゃあ町村常務はいったい何をしたのだ？

この人は、結局、何もしていないんじゃないか？

町村常務には数々の実績がある。だからこそ、常務という位置にいる。長谷川さんが述べたように、独自の感性と、売れるであろう商品を見出して、会社を大きくしてきた功績はあるかもしれない。

でも実のところ、それだって、彼はいったいどんな努力をしてきたというのか？

班目教授が言うような意思疎通を避けて、大事なところは他の人に任せて、言葉の力で人をコントロールして。自分に都合が悪い人間は抹殺して、それでなんだか知らないうちに最後には評価される。そういう生き方をずっとしてきたのではないのだろうか……。

山田の学びメモ

「データ分析」を
科学的に考えると?

- 平均値を出すだけではなく、「母集団」を意識して、不偏標準偏差についても考えてみよう

- そのデータが「正規分布」をとるかどうか考えてみる

- アンケートの場合、正規分布するのであれば、直接測れない「母集団」のバラツキ具合が推定できる

- 同じ数字でも、示し方によって受け取るイメージが違うことに注意
（「3倍の上昇」より、「300%の上昇」のほうが数字から受ける印象は大きい）

- ただし、恣意的に誘導するために使い分けてはいけない（自分も、恣意的に誘導されていないか気をつける）

Excelのお節介機能には注意!

班目教授の講座

5時間目

なぜ標準偏差の中に68％のデータが収まるのか？

私は山田さんとの会話の中で、「平均値から、（不偏）標準偏差のぶんだけ離れている範囲に、母集団の約68％のデータが含まれている」と言った。しかしこれでは、いろいろ説明を飛ばしてしまっている。ここで補足しておこう。

まず、標準偏差は隣のページにある式で計算できる。

ここで、標準偏差のことをσ（シグマ）と言う。

例えば理系の業界では上司から「3σでエラーバーを作れ」と指示されることがある。この場合、エラーバーは「標準偏差σ×3倍」の値を用いることになる。

なぜ3σというように、3倍にするのだろうか？

統計学には「68－95－99・7則」という言葉がある。216ページの図を見てほしい。

平均値プラスマイナス1σの範囲中に全体の約68%のデータが入り、平均値プラスマイナス3σの範囲中に全体の約99・7%のデータが入る（すなわち、ありそうなデータをほとんどカバーする）というわけだ。

では、どうして1σは68%なのだろう？

それは、グラフのマイナス1σからプラス1σの間の面積が、全体の面積の約68%になるからだ。正規分布をとっている場合、どんな対象や事象であれ約68%になるのだ！

$$\textbf{標準偏差} = \sqrt{\frac{1}{\text{データ数}} \sum_{\substack{\text{変数} \\ \text{（最初は1）}}}^{\text{データ数}} \left(\text{各データの値} - \text{データの平均値}\right)^2}$$

［標準偏差を求める式］

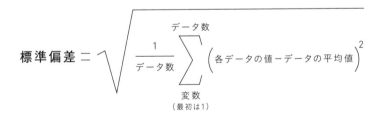

では、正規分布に従わない場合は……?

安心してほしい。正規分布に従わない場合でも、少なくとも88・8%のデータは平均値プラスマイナス3σの範囲内に入ることが、チェビシェフの不等式からわかっている。

ぜひ、意味をわかったうえで、標準偏差を使いこなしてもらいたい。

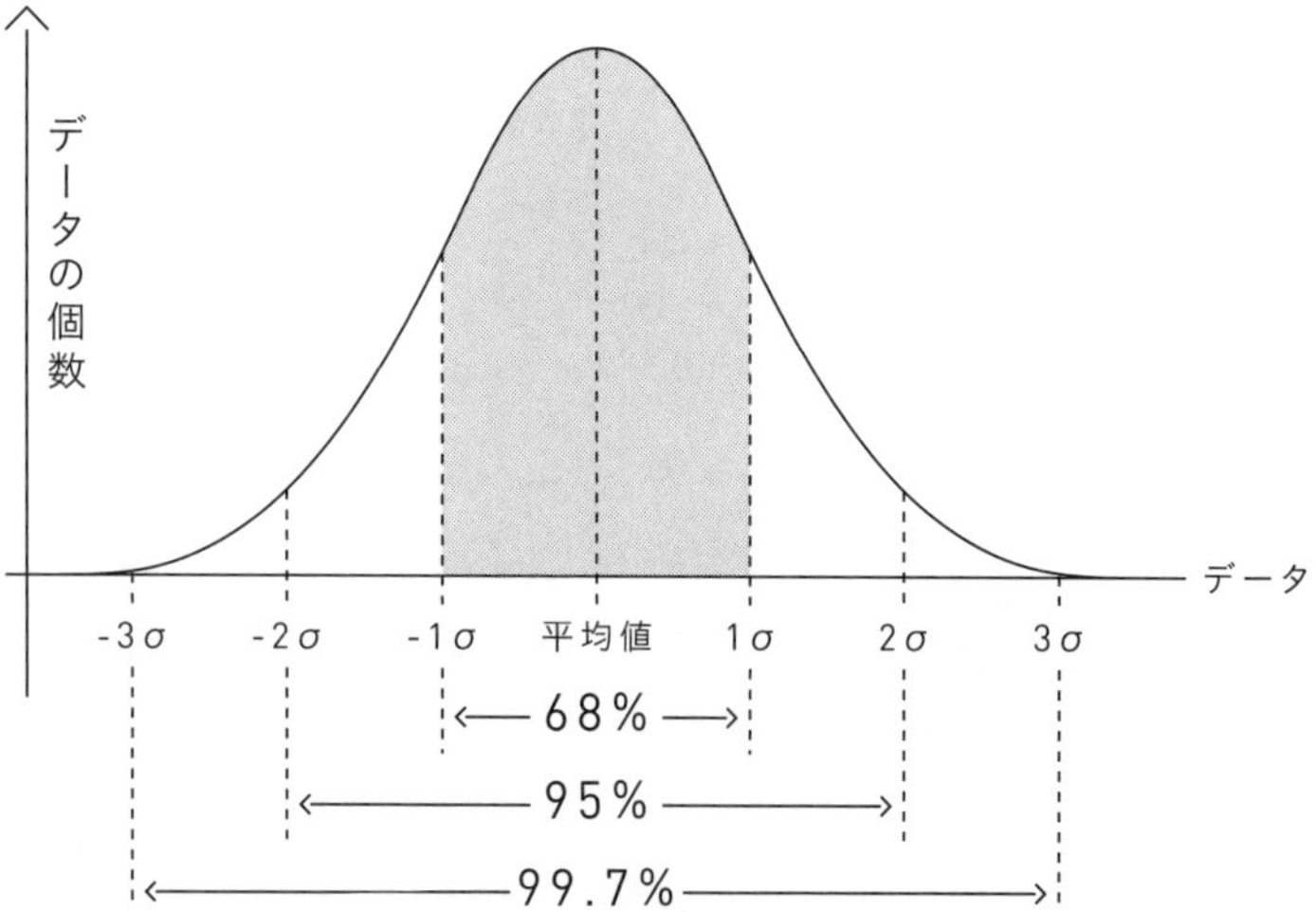

[標準偏差のイメージ]

第六章

過去の向こうに「未来」が見えてくる

～「シミュレーション」を科学的に考える～

イギリスの海賊に、ウィリアム・ダンピアという男がいた。彼は海賊船の中で、たまたま次のような歌を聴いた。

♬六月はまだ早い
七月はそろそろ準備
八月はしっかり見張りしろ
九月は時々思い出し
十月はすっかりおしまいだ♬

これは大西洋でのハリケーンと呼ばれる暴風雨についての言い伝えだ。この歌に興味を持ったウィリアムは、海の気象、特に暴風雨の知識と観察結果を調べて、まとめ始めた……。

不安な「販売予想」データ

「んー」

私はおもいっきり背伸びをした。ひととおり、班目教授に送るための資料が出来上がったのである。ドクターズコスメの成分表だ。

新しいドクターズコスメが持つ「即効性のある使用感」をどのように実現するかについては、研究者である班目教授の担当だった。そして班目教授から、ドクターズコスメの成分の候補が送られてきた。

それぞれの成分の効能については、正直、私も勉強しているところであるが（よくわかっていないという意味である）、Nジェネティクスの私たちが取り組むべきは、それぞれの成分が法令を満たしているかどうかと、実際に製造するOEM企業（発注元企業のブランドの製品を受託して製造する企業のこと）と相談し、実現可能かどうかについて協議することだ。

また、私たちの課では製品の改良に伴う、販売予測のシミュレーションも行う必要がある。それらをまとめて、一歩進むたびに班目教授の意見を伺う。

「Nジェネティクス社としてはこうしたいのです。科学的な観点から許容できますか？」。このサイクルを繰り返して、製品を作り上げていくのだ。

私は背伸びを続けながら、先日聴かされた班目教授と町村常務の会話のことを思い出した。

班目教授が望んだような研究者と企業の対話……。

今、班目教授が望むような対話を私たちができているかどうか、よくわからないが、このような研究者と企業の対話は重要であるだろうし、至極まっとうだと私は思う。おそらく町村常務のやり方だったら、班目教授から出てきた提案をそっくりそのままOEM企業に投げつけて、「なんとかしろ！　できなければ他をあたる！」というように進めていたのかもしれない。

班目教授に資料を送信して一息つくと、三田村さんが私のデスクにやってきた。

「ちょっと相談があるんだけど」

部屋には長谷川さんはいない。彼は今、外勤中で不在だった。そういうとき、三田村さんは私にしゃべりかけてくることがある。しかし、今日の三田村さんは表情が険しかった。

「私、班目教授のドクターズコスメの販売予測のシミュレーションも担当してるじゃない？」

彼女は企画課の中でも、マーケティングや販売予測のシミュレーションを担当している。

「ええ、そうですね。ちょうど三田村さんから受け取った資料を、さきほど班目教授にお送りしたところです」

「それで、今私たちが行っている販売予測のやり方について、ちょっと班目教授のアドバイスが欲しいの。うちの会社が持つリソースを活かして、どのような販路を拡大したときに、どのように業績が伸びるかについての予測をしたんだけど、なんだか自信がなくて。打ち合せをセッティングしてほしいのよ」

私が不思議そうな顔をしていると、三田村さんは続けた。

「うちの会社の中での班目教授の評判の悪さって、あの町村のせいだってわかったわ。それで私は、この前の打ち合わせでは、ニュートラルな気持ちで班目教授の話を聞けたわけ。他のみんなはどう思ったかわからないけれど、班目教授の話って、すごく勉強になるなと思ったのよ」

「わかりました。ちょっと待ってくださいね……」

私は次に班目教授と打ち合わせをする日程を確認した。次の打ち合わせのときに、三田村さんの相談も付け加える形で相談できないかと考えたのである。

しかし、次の予定は一週間後だった。本日送信したドクターズコスメの成分表を確認して内容を分析するには一週間を要するため、打ち合わせの間隔を一週間としていたのだった。

そう伝えると、三田村さんは自身の手帳を開いて見た。

「ちょっと間が開くわね……もっと早くに設定できないかしら？」

三田村さんの困った顔を見ると、なんとかしなくてはならないという気持ちになった。

私は班目教授に電話をかけた。

「ああ、貴君か。メールは受け取った。それじゃあまた」

「ちょっと待ってください。すみません、ご相談がありまして」

「何かな？　手短に、今はちょっと忙しい」

「先ほどお送りした資料の中に、ビジネス・シミュレーションというものが入っております。これはドクターズコスメの販売の予想というもので、この予想に従って我々は価格設定をするんですが……」

「うん、それで？」

「そのシミュレーションがですね、科学的に相当メタメタなんですよ。おそらく班目教授が見たらツッコミどころ満載というか。なので、当方、ちょっとシミュレーションをバージョンアップさせたいと考えていまして、班目先生にギッタンギッタンにしていただく機会をいただけないかと」

「そんな表現では何も伝わらん！　どこがどうまずいのか、ちゃんと説明せよ！」

「ええと、いやあ、なんというか……」

「もういい！　話にならん。じゃあ明日の午後五時だ。こっちにこい！」

「ありがとうございます！」

「貴君……なんだか私の使い方が、うまくなっていないか？」

「そんなことはありません。では明日の午後五時に」

私は電話を切って、三田村さんを見た。

「明日午後五時にアポが取れました。直接会ってもらえるようです」

「あなた、何がメタメタだって？」

数字は「予測不能」で、「変化」するものである

班目教授も三田村さんも、私に対しては腹を立てていた。しかし、三人で会うと、三田村さんも班目教授も大人なのであった。落ち着いたムードで打ち合わせが始まった。

「お時間をいただきまして、誠にありがとうございます。本日は、私の販売シミュレーションに関するメタメタなデータについてご説明させていただきます」

そういって三田村さんは私を睨んだ。私は天井の蛍光灯を見た。

17）熊野整.「それ、いくら儲かるの？」外資系投資銀行で最初に教わる万能スキル エクセルで学ぶビジネス・シミュレーション超基本.ダイヤモンド社,2019.

「まず図をご覧ください。これは、ビジネス・シミュレーションの分野でよく利用されるフィッシュボーン……魚の骨とも言われるもので、収益モデルの設計図を表しています。[17] 一般的に、このフィッシュボーンは細かく作りすぎないことがポイントで、主要なファクターのみで構成されています。そして黒塗りの部分がバリュードライバー……価値を生む原動力とでも訳しましょうか、我々企業が設定するパラメータです。このパラメータを変動させて、利益の予想を計算していくのです」

三田村さんは、図を見せながら説明

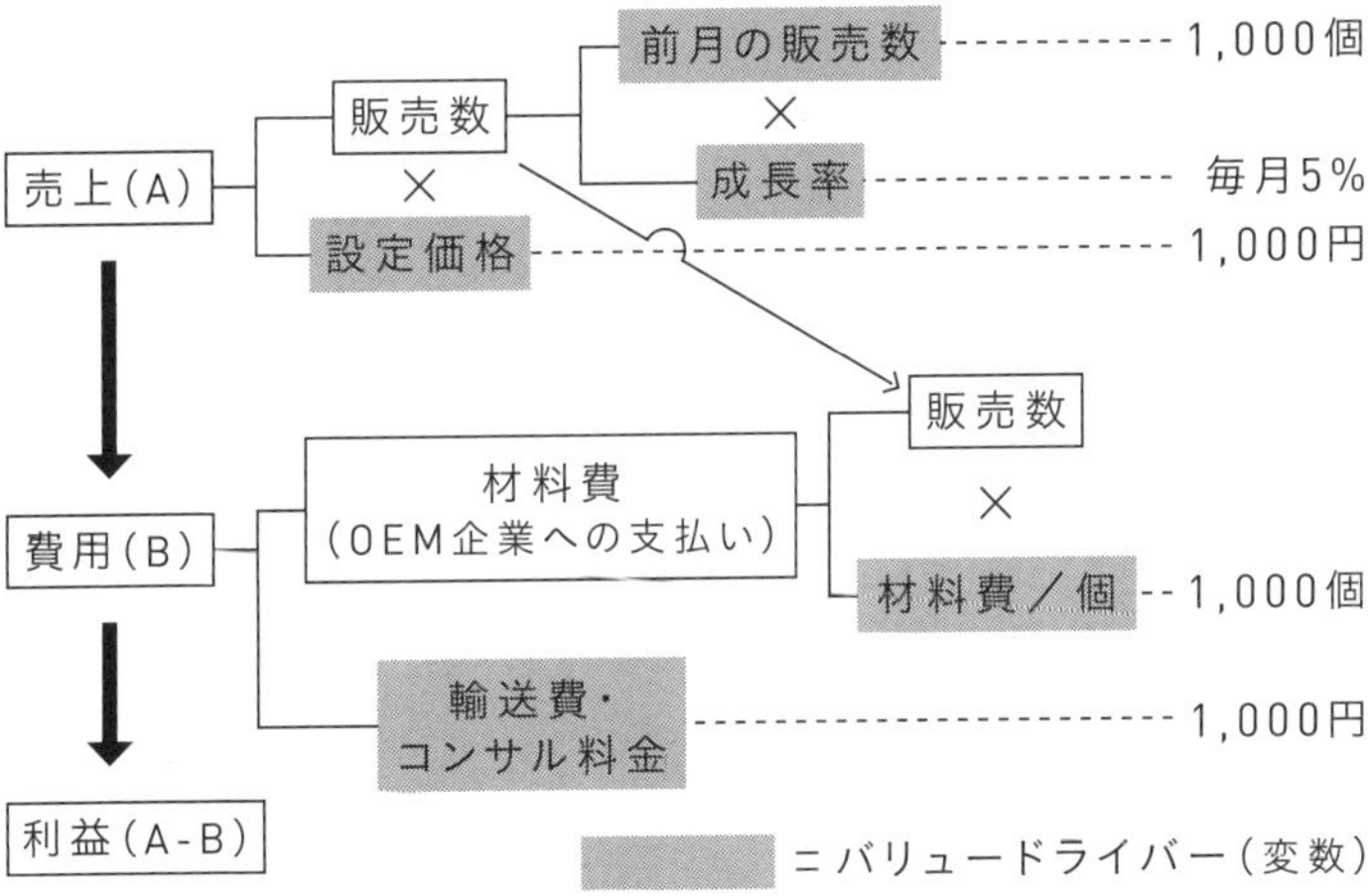

［フィッシュボーン（ドクターズコスメの場合）］

を続けた。

「例えば販売数は、前月の販売数に成長率をかけたものです。そして売上は販売数に設定価格をかけたものになります。ここではサンプルとして、同価格帯および同じターゲット層向けの製品を設定しています。このたびの改良により、その類似商品の5％上をいく販売成長率を目標としているため、図にあるようなバリュードライバーを設定して、予測収益を計算しました。それが山田さんに送ってもらった資料にあるものです」

班目教授は、資料の中の収益モデルのグラフに目を落とした。

三田村さんは続けた。

「この予測収益のグラフから、販売開始から何か月たてば目標の収益を達成するかがわかります。このような見通しを立てたうえで、この企画にゴーサインを出すか、あるいはバリュードライバーを見直すかの判断をするわけです。それで、班目教授、私はこの予測収益に不安があるのです」

「不安？」

班目教授は聞き返した。三田村さんは頷いた。

「予測収益やバリュードライバーの考え方は、ビジネスの世界ではよく使われている方法です。私はずっとそれらを使って仕事をしてきました。ですが先日の班目教授の話を聞いて、不安になってきたんです。自分たちが使ってきた武器が、実は間違ったものであったり、使い方を間違っていたりするのではないかと」

班目教授は頷いた。

「なるほど。はじめに私の印象を言うと……このように予測して、不都合な赤字となる場合に、バリュードライ

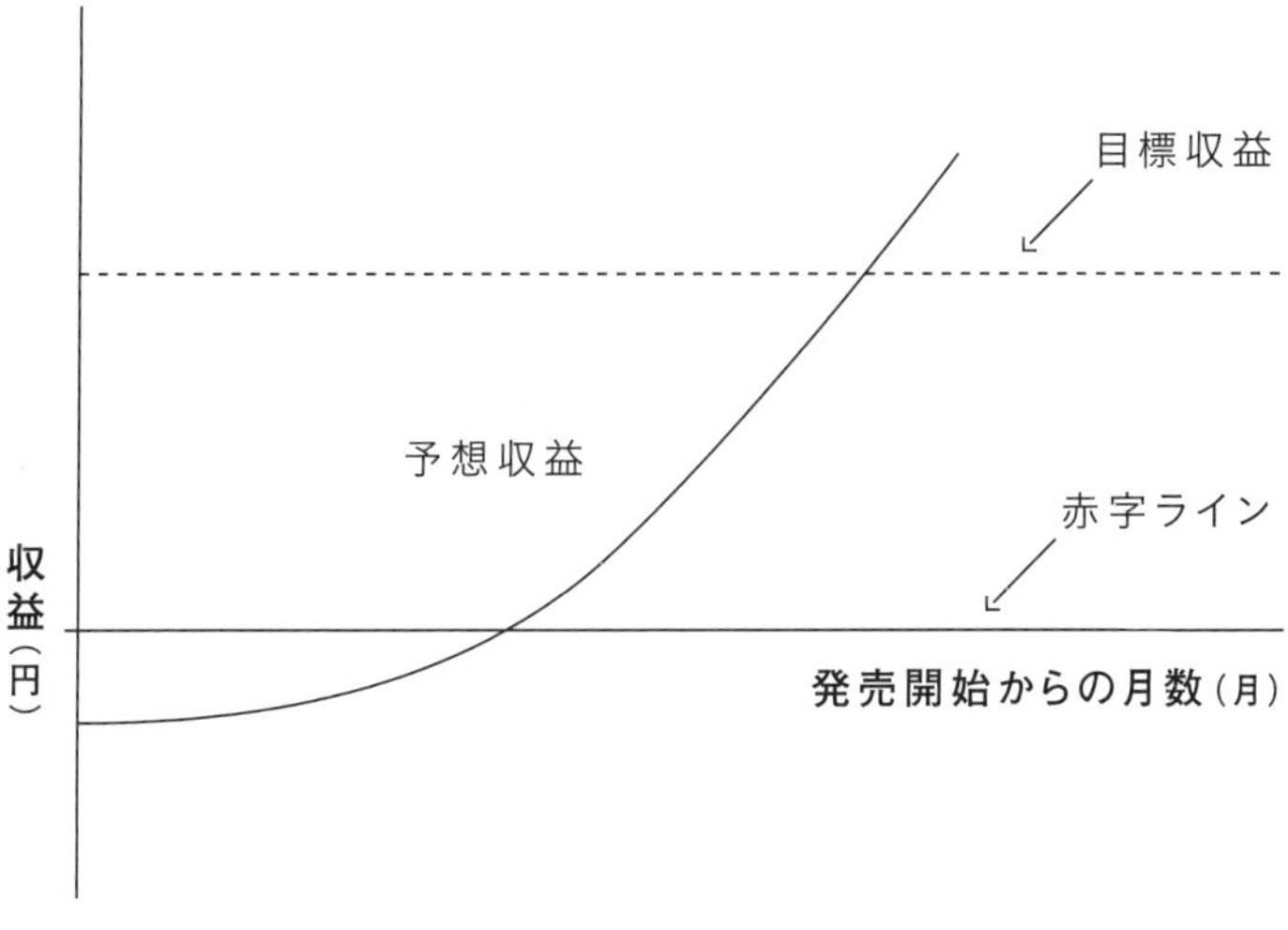

［予測収益のモデル］

バーを見直して再計算をするという考え方は面白いと思う。我々研究者の問題解決方法と同じ原理である。我々は仮説を立ててそれを検証し、ダメだったら仮説を修正して、また検証していく。**このプロセスを『仮説—演繹サイクル』と言う。**このサイクルを何度も何度も繰り返していくのが、科学での事実の認定方法だ」

三田村さんは頷いた。頬が緩んでいることが見て取れた。

「ただし、いくつか気になる点がある。成長率は、どのように決めたのかな？」

「成長率は、他社の類似製品の、実際の販売数字を分析して決定しました」

「それらが、我々のドクターズコスメの成長率として使える根拠はどこにあるかな？」

三田村さんは、しばらく沈黙して、答えた。

「ご説明した通り、同価格帯および同じターゲット層向けの製品の、実際のデータに基づく成長率だからです。裏を返せば、それしか参考にできるものが存在しないのです」

「五年前の我々のドクターズコスメでの成長率は使えないのかな？」

「それは使えません。なぜなら五年前のドクターズコスメと、今回の改良したドクターズコスメでは製品が根本的に違うからです。むしろ、同じ成長率であってはいけないのです。班目教授には申し上げにくいのですが、五年前のドクターズコスメの成長率は、当初は良かったと聞いていますが、やがてその値は鈍化しまして、今回の改良につながったというわけです」

班目教授はニヤリと笑った。

「そこだよ。成長率に一定の値を与えることに違和感がある。成長率は変化するものなのではないか？」

三田村さんは、深く考えるように口に手を当てて沈黙した。

「成長率はたしかに変動するものです。ですが、変動することを考慮すると、シミュレーションが複雑になりすぎると思います。例えば昨年発売した商品は、成長率ははじめ10％あったのですが、最終的には2％まで落ち込みました。このような変動を取り入れるのは困難です」

班目教授はホワイトボードの前に立った。

「いいや、**成長率は変動するという考えはモデルに取り入れるべきだ**。計算が難しくなるのを避けたいなら、簡単に考えればいい。例えば成長率が10％から2％に変動するのなら、それぞれ成長率が10%の場合と2%の場合を計算して、グラフに乗っければいい。その間の範囲内に予測が収まるんじゃないか?」

そう言いながら班目教授は、ホワイトボードにグラフを書いた。

「研究者たちも、物理や化学反応のシミュレーションをするときに、このようにさまざまな条件の場合について個別に計算して、おおよその予測を得ることを行う。逆に、シミュレーションのインプットもそのひとつだが……インプット……成長率もそのひとつのインプットを変えたときのシミュレーション結果が、どのように変

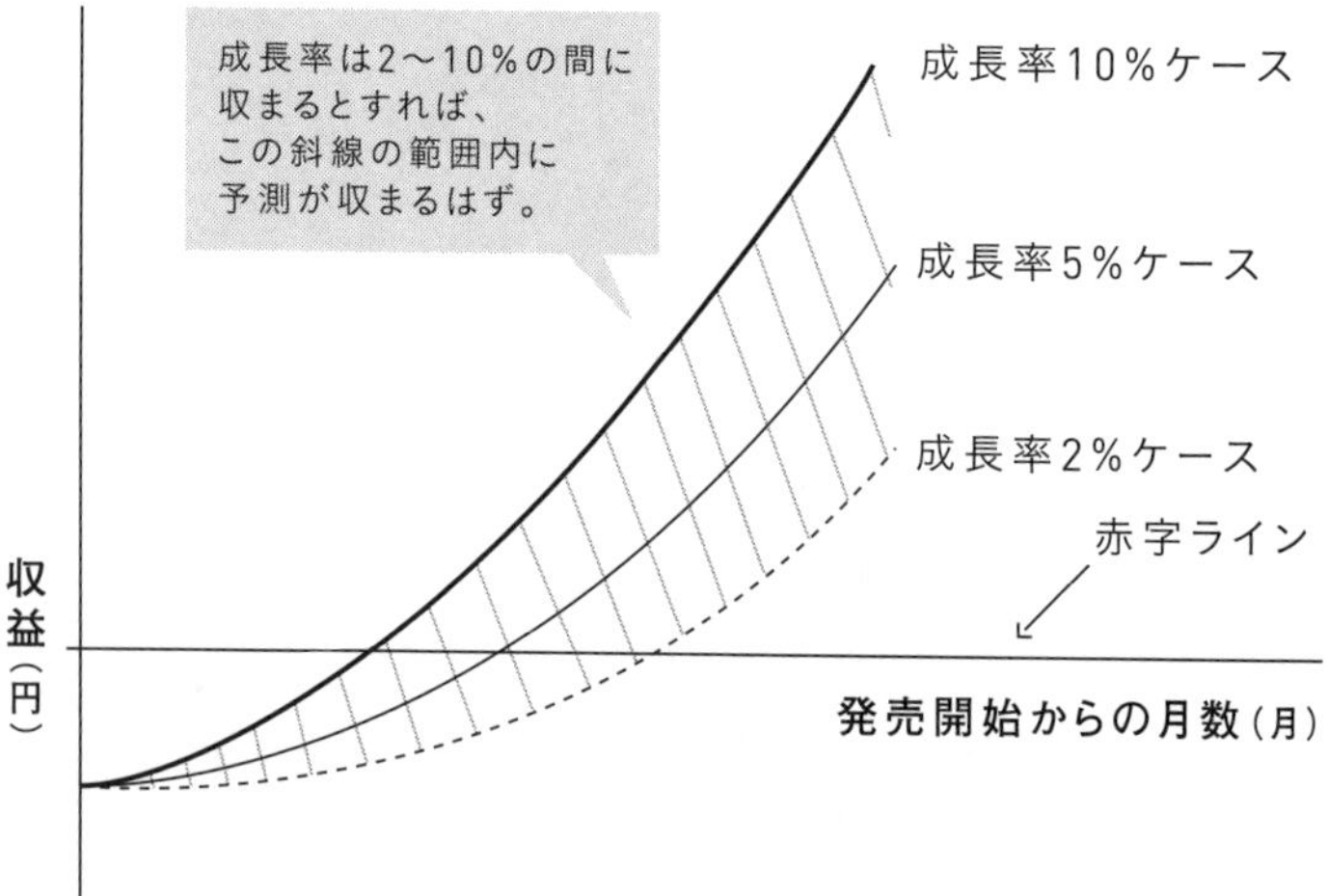

[成長率に幅をもたせた予測収益のイメージ]

化するかを調べたりすることもある。感度解析という手法だ」

「そういうことも行われているのですね。どういう意味があるのです？」

「シミュレーションの結果が大きく変化するインプットは大きなインパクトを持つものだと言えるし、わずかな変化しかもたらさないインプットは無視してよい。何が言いたいかというと、シミュレーションは何度だって繰り返すことができるのだから、**たったひとつのシミュレーションだけで結論を出すのはもったいないことであるし、危険だということだ**」

「なるほど……感度解析は使えるかもしれませんね。成長率、販売価格、設定価格など、バリュードライバーの数値をそれぞれ動かしてみて、どれが最も結果を大きく変化するかを調べれば、我々が特に注目するべき物事が見えてくるというわけですね」

班目教授は頷いた。

PDCAの「C」から考える

「そしてもう一つ。五年前のドクターズコスメは、同じようにシミュレーションをしたのであろうか？　そしてその予測は、実際の結果とどれくらい差があったのだろうか」

三田村さんの顔が曇った。

「五年前にも収益予測はしたとは思いますが、それがどうだったか、私にはわかりかねます。おそらく検証はしていないと思います」

「それはもったいないことだ！」

班目教授は、大きな声をあげた。

「研究者たちがシミュレーションについて議論する際、必ず出てくる話が検証だ。シミュレーションを行うためのモデルがあって、パラメータがある……それは貴君が示したフィッシュボーンとバリュードライバーの考えと似ている。次に行うのが、それらが正しいかの検証だ。すでに手元にあるデータを使って、シミュレートして、モデルやパラメータが合っているかを検証するんだ。合っていれば良し。外れていればモデルかパラメータが悪い。実験データをもとにシミュレーションで検証して、妥当ということがわかってから、まだ実験されていない未来のことを予測するんだ」

班目教授は一息にまくし立てた。三田村さんはひるみながらも、こう答えた。

「過去のデータを使うことを、考えていませんでした。過去は過去だと……ビジネスの世界では、何もかもが常に新しくなっています。過去に引っ張られてはいけないという、変な固定観念があったのかもしれません。でも、過去のデータの重要性がよくわかりました。帰社して、過去のデータをよく調べてみます」

「ぜひそうしてみてくれ」

班目教授はそう言うと、次のように続けた。

「ビジネスにもPDCAという言葉があるだろう？　私はよく企業と共同開発を行うが、計画、つまりPを重視しすぎて延々とシミュレーションを繰り返し、なかなか実行に移らない企業もある。先が見通せない時代に、綿密な計画を練りたくなる気持ちもわかる。一方、我々研究者が行う実験も、結果がわからない。だからこそ検証するのだが、ここで重視しているのはP（計画）よりもC（チェック）だ。**どのような検証によって、どんな結果を得るために実験を行うのか。ここを明確にしてから、そのための計画を立てる。**その検証によって得られるものがあれば、たとえビジネスの観点では失敗しても、それが次の成功につながる。少なくとも、次のシミュレーションの正確さにつながるだろう。大切なのは、振り返ることなのだ」

「なるべく失敗はしたくないものですが」と、三田村さんは苦笑いをした。

「面白い話がある。昔、ウィリアム・ダンピアという人物がいてね。彼は海賊をやっていたんだが、あるとき、たまたま耳にした海賊の歌……大西洋の気象に関する言い伝えの歌を聴いて、海の気象、特に暴風雨の知識と観察結果をまとめ始めた。やがて彼は海賊をやめて、1697年に『新世界周航記』という書籍を出版した。その業績は災害から身を守るための気象学に大きく貢献した。それからイギリス王からニューギニアやオーストラリアの調査も命じられた。ニューギニアやオーストラリアのあたりにダンピアという名前の港や島を見つけることができる」

「海賊から気象学ですか……面白いですね。でも、ビジネスとなんの関係が……？」

「過去の教訓に真摯に向き合うことで、多くのものを得られるという逸話だよ」

班目教授は、続けて言った。

「話を戻すと……世の中の企業は、たぶん、新製品がなぜ売れたのかとか、売れなかったのかというのを、深く分析をしていないんだろうなと思う。書店に並んでいるビジネス書にも、シミュレーションに関係するものはすごく少なくて、マーケティングや未来予想などに関するものが多いような印象を個人的には受けている。でも、物事には必ず予兆や流れがある。一見不確実に見える未来も、過去をじっくり振り返ることで、その兆しが見つかることがあるだろう。**未来を見通すために、過去にしっかり目を向ける**ことが大切なのだ」

三田村さんの顔が、ぱっと明るくなった。

なぜカップラーメンは「3分」待つのか？

さんざん教授の話を聞いた後に、私はとても大切なことを思い出して、ああ！と声をあげた。

「どうした、貴君?」

私は紙袋の中から、紙に包まれた箱を取り出した。

「班目教授への土産物を持ってきたことを失念していました。ここへ来る途中、高輪ゲートウェイ駅で饅頭を買ってきたのです」

「高輪の饅頭?」

包装紙には『高輪ゲートウェイ駅に行ってきました』と書かれている。行ってきたも何も、単なる通過駅である。

「貴君たち、どうだ、みんなで食べてしまわないか」

班目教授はそんなことを言い出した。忙しかったのではなかったのか?


三田村さんは饅頭を少しずつかじりながら、班目教授に訊いた。

「仮説を立ててそれを検証し、ダメだったら仮説を修正して、また検証していく……これを『仮説—演繹サイクル』とおっしゃられましたね。私がお話ししたケース分析も、同様の手順が含まれているとのことでしたが、この『仮説—演繹サイクル』の、研究者の世界での扱いについて、もう少しお話を聞かせていただけませんでしょうか」

班目教授は二つ目の饅頭をほおばりながら、頷いた。

「例えば研究者は、主に学術論文という形で研究成果を世の中に伝える。この学術論文がまた学術論文を生み出して科学は進展する。この中にも仮説―演繹サイクルと似た構造がある。現代の学術論文が、1600年代の論文を引用することだってある。何が言いたいかというと、**科学の世界はそうやって個々の研究が関連し、つながってできたものの上に成り立っている**ということだ。そんな考え方が、研究者には身に沁みついている」

「研究者たちは、毎日毎日が繰り返しなんですね」

私は三個目の饅頭をつかんで、口に運んだ。三田村さんに「お前、食いすぎだ」と背中をつつかれた。

「そう。研究者でない人たちから見れば、そのような個々の関連やつながりを重視する姿勢が、ときに面倒くさく、不必要なものに映るかもしれない。普段の生活を送るうえでは、それで良かった。直観に従って行動し、感覚的に判断すればいい」

班目教授は、カバンからおもむろにカップラーメンを取りだした。饅頭を食べたあとラーメンを食べるつもりなのかこの男は？　私と三田村さんは、思わず顔を見合わせた。

「これは明日の朝食用だ。たぶん今夜はここに泊まることになる」

「ご家族はお待ちでは？」

三田村さんが訊いた。

「あいにく独身だ」

「やっぱり！」と、私は言った。

「やっぱりって何だね？」

「シミュレーションした分析結果です」と、私はうそぶいた。

「それで……このカップラーメンだが」

班目教授は私たちの目の前にカップラーメンを置いた。それから私に尋ねた。

「貴君はカップラーメンを食べるとしたら、湯を入れて何分待つ？」

「3分ですかね？」

「なぜ？」

「えっ、なぜって？　蓋に3分待てって書いてあるから……」

「うむ。期待したとおりの答えだ」

班目教授は頷いて、カップラーメンの蓋を私の方に向けた。

「あの……何の話をされているのですか？」

三田村さんが訊ねると、班目教授はひとつ咳払いをして、言った。

「蓋に3分待てと書いてあれば、たいていの人間は3分間待つ。しかし、カップラーメンに3分間お湯を入れて、きっかり3分間測らなくても、食べることはできる。3分後のラーメンの麺の化学的構造など、どうでも良い」

「まあ、そうですね」と私は頷いた。

「しかし、開発する側は違う。まず3分という設定について考えなければならない。なぜ3分か？　30分では話にならんのは当然だが、1分ではダメなんだそうだよ。3分間、待たせることによって、食欲を高めさせる効果も含まれているらしい。実にいろいろなことを考えなくてはならない。そして3分と決まったならば、3分間でベストな仕上がりになるような麺を作らなくてはならない。何が決定因子か？　麺の表面に穴があるほどお湯の浸透が早く、時間が短縮される。では麺に穴をあける方法は……？　これはざっくりとした話だが、ものの開発というのは、個々が関連し、つながっていて、それぞれに仮説―演繹サイクルの繰り返しなのだ」

饅頭を食べ終わったところで、この場はお開きとなった。なるはずであった。

「本日は長時間、お時間をいただき、ありがとうございました」

三田村さんと私は、二人そろって頭を下げた。

班目教授は首を振った。

「こちらも面白い話を聞くことができた……というか、実は、今日、このように来てもらったのには、こちら側にもわけがあったのだ。三田村さん、このあと山田氏をしばらく借りてよいか？」

「えっ？」

私と三田村さんは、お互いの顔を見合わせた。

「ああ、どうぞどうぞ。煮るなり焼くなり、好きにしてください」

三田村さんはそんなひどいことを言って、私の背中を押した。

「ちょっと山田氏と話したいことがあるのだ。そういうわけで、貴君、今晩ちょっと付き合ってくれ」

山田の学びメモ

「シミュレーション」を科学的に考えると？

- 予測不能なものの場合でも、シミュレーションによってある程度の「範囲」を明確にすることはできる

- シミュレーションは1パターンで満足せず、考えうる複数のパターンを検証する

- 過去のデータは重要。それをふまえて改善をくわえる「仮説―演繹サイクル」を意識する

- 計画も大事だけど、その結果を「何によって評価するか」を事前に決めておくことも重要

- パラメータを決めたり、計画を練ったりするときには、過去のデータを基にして「検証できる」ように作るとよさそう

もうカップラーメンを2分で食べたりしない！

班目教授の講座

6

時間目

分析の効率と正確性を高める「メッシュ」の考え方

計算科学の分野でのシミュレーションのひとつに、有限要素法というものがある。モデルをつくる方程式を近似的に解くための、数値解析の方法のひとつだ。複雑な形状・性質を持つ物体を小部分に分割することで近似し、全体の挙動を予測しようとするものだ。構造力学や流体力学などさまざまな分野で使用されている。

この有限要素法の考え方のポイントは、解析対象を複数の有限個の要素……以下、メッシュと言うが、メッシュに分割して数値解析を行うことだ。

言い換えると、有限要素法とは、「解析できるように形状を分ける」ということだ。

さて、有限要素法では、一般的にメッシュの細かさによって解析の計算精度が異なる。

一般的にメッシュは細かくすればするほど計算精度が良くなる。計算精度が良くなるということは、理論解に近くなることを意味する。

しかし、解析結果を理論解に近づけようとする……すなわち誤差を減らそうとすると、メッシュの数が多く必要になり、シミュレーションの時間がかかる。

すなわち、最適なメッシュのサイズを研究者は決定しなくてはならない。

そこで研究者は、自分が注目したい部分や、衒奇《げんき》的に変化をするような部分はメッシュを小さくし、比較的重要度が低い部分はメッシュの大きさを大

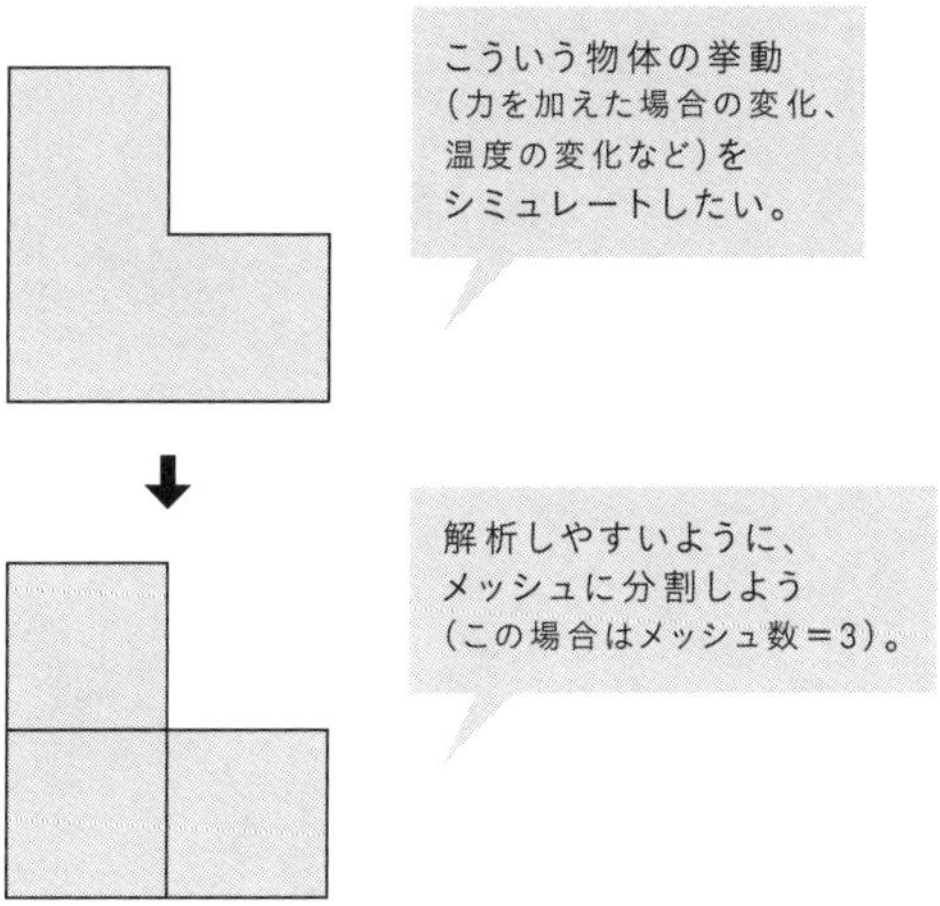
こういう物体の挙動
(力を加えた場合の変化、
温度の変化など)を
シミュレートしたい。
解析しやすいように、
メッシュに分割しよう
(この場合はメッシュ数＝3)。

[メッシュ分割のイメージ]

きくする。

このような工夫をすることで、計算を効率良く行なうことができる。

この有限要素法の話を、ビジネスのシミュレーションに生かそうとしたら、どうなるだろう。

例えば劇的に販売数が変動するような年末商戦などで、シミュレーションのメッシュを小さくする……すなわち月単位の予測をしていたものを週単位にするとか、工夫をすることで予測結果がより正確になることが期待される。

ビジネスであれ、科学の世界であれ、似たような考え方・捉え方でシミュレーションを行っていると言えるかもしれない。

第七章

「天才」の頭の中で行われていること

～「イノベーション」を科学的に考える～

ずっと昔の、十八世紀のお話。
あるイタリアの解剖学者が、カエルの足を実験に使っていた。
そのカエルの足を金属のトレーに置いていたとき、突然その足がピクピクと動いた。
その発見が…………………………………………
……………………………………………
……………………………………………乾電池を生んだ。

なぜ「科学的」に考えられないといけないのか？

班目教授から食事の誘いがあるなど、これまでにないことだった。

社内の男性（例えば長谷川さん）はともかくとして、ふたりきりで食事など、どれくらいぶりだろう？　私は考えた。どれくらいぶりか、などと恰好つけてみたものの、ほとんど皆無だったことに気がついて悲しくなった。

しかし、班目教授に対して浮ついた気持ちがあるかというと、これまた皆無である。班目教授が独身だろうが、火星人だろうが、たぶんこの人とは何もあり得ない。

班目教授はくしゃくしゃの白衣姿のまま私の隣を歩き、そのまま大学のキャンパスを出てしまった。そして言った。

「ところで貴君。店のあてはあるか？」

「えっ、誘っておいて、何も考えてないんですか？」

「ラーメン屋とか牛丼屋ならば知っているが……」

「わかりました。調べてみましょう」

私はスマホを取り出して、近くの店を探した。店はいっぱいあった。なんだ、あるじゃないか。私はここから数分の距離にある、割ときれいそうな焼き鳥店を見つけた。予約のアプリを操作して、二人ぶんの予約を入れた。


「貴君は実に上手にスマートホンを使う。私よりずっと上手だ。この店を探すためにスマートホンを取り出して、地図のアプリを使っていたね」

焼き鳥をほおばりながら、班目教授は言った。

「そうですか？　えへへ……」

久しぶりに教授から褒めてもらった気がした。

「貴君が店を調べようとしたとき、無意識的に空を仰いだことに気が付いたかな？」

そうだったっけ？　気が付かなかった。私は首を振った。

「地図のアプリを機能させるためにはＧＰＳ通信が必要だ。屋根などの遮蔽物があれば精度が下がってしまう。すなわち、貴君は測位衛星から発せられる電波をキャッチしなければならず、遮蔽物によって電波がさえぎられることを知っている。この一連の流れの中には、複数の測位衛星が日本の上空の軌道を飛んでいることと、電波が遮蔽されるということなどの、多くの科学的要素が含まれている。貴君が空を見上げたのは無意識の行動だったとしても、その知識の一部分が貴君の中にあるということには変わりない」

私は曖昧に頷いた。班目教授の言うように、私が空を見たのは無意識の行動だ。私の頭の中には測位衛星のことなんて、これっぽっちもなかったのだ。

「一方で、科学的な知識がなくて、損をしてしまっていることもあるだろう。例えば赤信号によく引っかかるのは自分の不運のせいだと思ったり、標準偏差を理解していないために、比較の際に正しい評価が行えなかったりしてしまう。私は別に研究者になれと言いたいわけではない。ただ、**最低限の科学的な知識を知らなければ、損をすることもあるし、検討が間違ったり先に進まなかったりするんだ**」

私は食べかけのやきとりを皿に戻して、班目教授に向き直って言った。

「班目教授とお話しする前は、私はだいぶ損をする側の人間だったと思います。いろいろお話を聞いてきて、ちょっとずつ自分が変わってきた気がしています」

「自分は文系出身だから数学や理科はできないんです、と言う人がいる。でも、そういう人もスマートホンやパソコンを使いこなしている。私から見ると、矛盾しているし、単なる食わず嫌いとか、ひがみ根性だと思っている。貴君は自分のことを理系と思うか文系と思うか？」

「文系です」と、私は即答した。

「じゃあ数学とか理科は嫌いかい？」

「嫌いでしたね。できれば避けて通りたいと思って、外国語学部に進学しました」

「なんで嫌いになった？」

「ええと……高校受験のとき、数学の成績が悪くて。そのときから数式を見るのが嫌になりました」

「中学生というと二十年前くらい前のことかな。そんな昔の……」

「十年前です！」と、私は訂正した。

「失敬……十年前でもいい。十年前でも十分に過去のことだ。そんな過去の印象だけで理系の世界を遠ざけてしまっていることに、もったいなさを感じると私は言いたいのだ。まぁ、その原因はこの国の教育システムのせいであるのだが」

「教育システム……？」

「そう。日本では高校以降、生徒を理系と文系に分けてしまう。そのほうが指導しやすいし、生徒の側としても、早めに将来構想を練ることができるというメリットがある。だが、文系と理系を分けるところに断絶の悲劇がある。貴君のように学生時代に理系に苦手意識を持った人たちが、自らの将来を狭められたと考えてしまうと、その後一生、理系のことを呪い続けるんだ。ちょっと想像してほしい。理系の科目が嫌になって文系に進んだ人間と、文系の科目が嫌になって理系に進んだ人間、どちらが巷に多いだろうか」

「それは前者……理系の科目が嫌になって文系に進んだ人間の方でしょう」

「そういう統計を見たことがないからなんとも言えないが、もしそうだとすると、理系を呪う人たちの数は一定数いて、やはりその中の一定数がビジネスの世界で活躍している。彼らは理系を呪いつつ、理系を遠ざけつつ、それでいてビジネスの世界の思考法などが大好きだ」

私はドキリとした。まさに私のことを言っているのだと思った。

「そして第二の悲劇が訪れる。ビジネスの世界の思考法や思考術は、本来、理系の考え方と切っても切れない関係にあるはずなんだ。しかし、巧妙に理系の匂いを排除して、あたかも理系の能力を持たなくても問題に立ち向かえるように錯覚させるものが多いと私は思っている。あるいは、理系に対する呪いを抱えた人たちが、理系を避けて迂回しながらイノベーションを起こして、理系に対して勝利感を得るという、ねじれた構造になっているのではないか」

そんなことを考えたこともなかった。しかし、自分の胸に手を当てて考えてみると、否定ができなかった。困ったときはいつも、藁にもすがる思いでビジネス書を手に取っていた。そうすれば、本来なら考えなくてはならないことをすっ飛ばして答えだけが得られる……無意識のうちに、そう考えていたのかもしれない。

私は苦しくなって、班目教授に聞いた。

「……そういう人間は、どうしたら救われるんですか？」

「いったん理系と文系という壁を壊すことだ。壁なんて物理的には存在せず、人間の心の中に……中学や高校生の時代に、便利だから築かれただけのバーチャルなものだから、もう捨てていいのだ。東京経済大学と東京農工大学の間にベルリンの壁のようなものはあったかな？　ないよな。武蔵小金井の駅はあるけれどね」

そこで班目教授は笑った。

「これまでの怨念を捨て去って、ノーサイドの心で知識を深めればいい。**これは理系の本だ、文系の本だと意識せずに、興味のままに読んで知識を深めていけばいい。**そして難しい数式が出たら読み飛ばせばいい。理系の人間だってそうしている」

「そうなんですか」

「少なくとも私はそうしている。それに私だって、貴君たちと一緒に仕事をするまでは化粧品のことは知らなかった。おしろい粉くらいしか知らなかった。だから本を読んだよ。化粧品業界のことが書かれた本で、たぶん就職活動をする大学生向けの本だったと思う。その本で私が初めて知ったのは、化粧品業界は実に広い分野と関係があるということだった。経済や流通のことはもちろんとして、皮膚のことを扱うなら医学、工学……私たちのことだね。そして法律学。医薬部外品や医薬品を定めることに関係している。もちろん国際分野にも関係がある。諸外国とのやり取りも必須となるからね。貴君は化粧品の分野にいる。そういう他分野にわたる仕事をしていて、自分が嫌いだからと言って理系分野のことがらを自分のタスクから排除したりしてはいけない。貴君のような若手は、これから活躍してイノベーションを起こさないといけないのだろう？　さらに上の立場になっても、まだ自分の狭い範囲にだけしがみついておくつもりかい？」

私は班目教授の話を聞きながら、頭のなかで別のシーンのことを思い出していた。ＩＣレコーダーから聴いた、班目教授と町村常務のやり取りを。

「……貴君が方向性を示す、私が提案する、貴君がそれを分析してより良い改善案を私に示す、私がその改善を行う……そうやって良いものができるんだ。それが研究者と企業の対話だ。このやりとりの際には、サイエンスにのっとった会話が必要になる。だから、貴君に数字として物事を示すように要望している。そういうことだ」

私ははっとして、目の前にいる班目教授を見た。

「貴君。大丈夫か？」

「すみません……ちょっと、過去のことを思い出していて」

「まぁ、いろいろ耳に痛いことを言ったが、貴君にはわかっていてほしい。いいかい、**科学的に考えるというのは、データでもって物事を理解、説明、予測して、相**

手を、世界を納得させることだ。老若男女、理系文系問わず、どのような人々にとっても共通で公平なものであるんだ。これから歳を重ねて、どんどん上の立場に行く。そのときに、貴君は文系や理系の立場にとらわれず、自由闊達な見方ができる人材となっていいてほしい」

「はい……はい、そうします」

私は何度も頷いた。班目教授の言葉は、本当に私の心の奥底に届いたような気がした。なんだか、涙が出てきた。

はじめ、あれだけ恐怖に感じた班目教授が（言葉は今もぶっきらぼうだけれど）、本当に私のためを思って言ってくれているのだと、私は理解したのだ。

私が強く頷いたままなので、班目教授は心配をしたのだろうか、静かになった。私が彼にわからないように涙を拭いて顔を持ち上げると、彼はスマホを取りだして、明日の天気を見ているところだった。

イノベーションの「正体」

「ところで、班目教授は、何か私に話したいことがあったんじゃないですか？　三田村さんに、私を借りたいって言ってましたよね」

ある程度、お酒が入ってきたところで、私は尋ねた。

「うん。まぁ、目的は半ば達しつつある」

「……？」

班目教授はひとつ咳払いをして、言った。

「ここ数日、イノベーションについて考えていたんだ」

「イノベーションですか」

「貴君や貴君の会社は……ビジネスの世界では、よくイノベーションという言葉を使う。辞書で引いてみると、技術革新という意味が初めに出てくる。そして、書店に並んでいるビジネス書のコーナーを覗いてみると、イノベーションに関する本が多く出版されている。そこで私は不思議に思ったんだ。そんなに簡単に、イノベーション……技術革新が起こるものなのかと。そして第二の疑問は、ビジネスパーソンがイノベーションを起こす方法を学ぶ理由とは何だろう、ということだ」

「なるほど」

私はひと呼吸おいて、続けた。

「私の理解の範囲で答えるならば、ビジネスの世界のイノベーションとは、新しいアイデアを生み出すという意味で使われているような気がします。あくまで実現するのは製造設備を持った人たちで、アイデアとか、新しい使い方、新機軸のようなものをビジネスパーソンが示すときに、イノベーションと言うように感じます」

「うん。もともと工学や理学の世界での言葉を、ビジネスの世界が借りていった、というのが正確かもしれないね」

「でもビジネスパーソン側も、最終的には技術革新をしたいのだと思います」

酔いが回っているのか、私はいつもより大胆に、自分の考えを言うようになっていた。目の前に座っているのは、百戦錬磨の教授なのに。一方の教授は、私のようなひよっこの話に、耳を傾けてくれているようだった。

「じゃあ、いったいどうすれば、イノベーションを起こせるのだろう？」

班目教授は難しいことを聞いてきた。

「それがわかれば、苦労しませんよね」

そう言ったとき、私はふと、班目教授のアイデア・ノートのことを思い出した。そこで酔いが、50％ほど醒めた気がした。町村常務からの指令のことを、最近すっかり忘れてしまっていたのだ。

班目教授は話を続ける。

「過去のイノベーションを起こしてきた人たちのことを考えればいいかもしれない。中間子理論により日本人初のノーベル賞を受賞した湯川秀樹博士は、そのエッセイ[18]の中で、科学者による創造性について書いたことがある。まず一生のうちに創造的な仕事ができるのは一度くらいのことだと。そして、創造性の源は何かというと、ひとつは執念であり、また、相反するもの……矛盾であったり、奇妙にうつる物事を抱えた者が、創造性を達成できるというようなことを書かれていた」

「相反や……矛盾ですか」

「天才と呼ばれる人や、天才に準じる人は、**自分の中にいつまでも深刻な矛盾を残**

18）湯川秀樹　著．池内了　編．科学を生きる―湯川秀樹エッセイ集―．河出書房新社，2015．

しているんだという。ああでもない、こうでもない、と自分の中で悩み続ける」

「そうした悩みの中で、イノベーションを達成してきたということですか?」

「そう考えてみよう。そこでだ。天才たちの頭の中で行われていることを、ここで再現してみようと思う。これまでにないものを新たに作るという流れをシンプルに捉えれば、二つの物体の衝突のように考えられるだろう。例えば、通常では相反するもの……同じ正の電荷を持ち反発しあうはずの重たい原子核どうしを衝突させたことで、これまで存在しなかった原子核が生まれた。ニホニウム(nihonium)と名付けられた、原子番号113番の新しい元素は、イノベーションの一つの結果であろう」

「二つの物体の衝突ですか」

「あくまで例だよ。もう少しかみ砕けば、何が足らないか、何が必要かという問題設定を深く考えることがスタートラインなのであろう。実際の例を見直してみれば、すべて『不便なこと』からイノベーションは生まれてきたと思う。ただし、現代社会は満ち足りているので、不便さを発見することが難しいのだ。そして不便であるということは、まだ解決されていない、イノベーションの起こる余地があると言える。その不便なことについて、二つの物体を衝突させてみるのだ」

私は頷いた。そして、スマホを取り出した。

「例えばこのスマホはとても便利なものです。でも、スマホが登場する以前に私たちが使っていたガラケーを、当時は誰も不便とは思わなかった。誰もスマホという便利なものが誕生することを知らなかったから」

「うん。スマートホンが我々の目の前に現れてから、我々はガラケーの不便さに気が付いた。でも、そのガラケーの不便さは、ガラケー全盛期から存在したはずだ。であれば、その不便さを見つけたものにイノベーターの称号が与えられるわけで、その可能性は身の回りに転がっているはずだ」

私は、興奮してきて、饒舌になってきた。

「イノベーションは、埋もれたさまざまなパーツが組み合わさって出来上がる。そのちらばったパーツを集めるのが、イノベーションを生み出す人間の仕事だということですね。日頃から情報収集能力、嗅覚を磨いておくことで、イノベーターになれるかもしれません。何か、埋もれたパーツを見つける方法はないでしょうか？」

「そうだな。相反するようなもの……**普段結びつかない事柄を結びつける思考実験**

を繰り返すと良い」

私はしばらく考えた。

「でしたら、例えば、赤と緑の付箋を用意して、赤に『解決したいこと』、緑に『さまざまな技術や方法』を書き、これを組み合わせていくというのはどうでしょう？」

「面白いね。ただ、自分が思いついたアイデアは、誰かも思いつくと考えていたほうがいい。電話機を発明したグラハム・ベルが電話の特許を取るために特許庁へ行った数時間後に、別の人物が同じ原理の特許を申請しようとしたという逸話がある」

「それは、急がないといけませんね。帰りに付箋を買って帰りましょう」

私は笑って言った。

お酒の力が私をさらに気分良くさせていた。勢いのまま、私は班目教授に尋ねた。

「……ところで班目教授。先生のデスクの上に、アイデア・ノートというものが載っていたことを以前見つけまして、それ以降、すごく気になっているんです」

「アイデア・ノート……？　ああ、あれか」

「あのノートの中身は何なんです？」

班目教授はカバンを膝の上に置き、ごそごそと中を探し始めた。

「あったあった。これのことかな?」

黄色い表紙の、A4サイズの分厚いノート。

表紙に『アイデア・ノート』と汚い字で書かれている。

班目教授は無言のまま、ペラペラとページをめくり始めた。私に見えるように。

私は中身を覗き込んだ。これは……!

「貴君。これに興味があるのか?」

「ええ」

私はひと呼吸置いて、続けて班目教授に言った。

「町村常務も、このノートに興味を持っているのです」

クーデターの「Xデー」

班目教授との飲み会ののち、しばらくして、新しいドクターズコスメの成分は完成を見た。実際に製品を製造するＯＥＭ企業とも合意ができた。

予想外に早い着地となったのは、三田村さんによるシミュレーションによるところが大きい。班目教授のアドバイスを取り入れた、より具体的かつ、確実性の高い販売予測結果に、Ｎジェネティクスの上層部はゴーサインを出したのである。

私たち企画課の面々は、ひとつ大きな仕事を成し遂げた安堵感に包まれていた。一方で、長谷川さんだけは、思いつめたような顔をしていた。

廊下ですれ違ったときに、声をかけてみた。

「町村常務の新会社の話は、どうなりましたか？」

彼は慌てて、あたりを見回して、血相を変えて言った。

「なんのことだよ。妙なことを言うなよ！」

その慌てぶりから、着実にその話も進行していることは明らかだった。

しかし、実のところ、長谷川さんをからかって遊んでいる余裕は、私にはなかった。製品の製造にゴーサインが出た後にも、私たちはやらなければならないことが多々あった。パッケージに盛り込む情報を決めて、商品課のチームとデザインを決めなくてはならない。そして経営企画部相手に、この新製品のプレスリリースの内容について話し合わなくてはならなかった。そしてもう一つ……。

経営企画部との、プレスリリースに関するキックオフミーティングには、もちろん町村常務も出席していた。いつもの多弁な様子はまったく感じられず、終始押し黙ったままであった。その町村常務が会議のあと、私と話がしたいと声をかけてきたのである。用件はわかっていた。アイデア・ノートの話だ。

私は常務取締役室にひとりで呼ばれた。

町村常務は椅子に座り、頭の後ろで手を組んでいた。

「単刀直入に聞く。アイデア・ノートはどうなった?」

「はい。班目教授の信頼を得たようで、内容を読むことができました」

町村常務は驚いた顔をした。

「おお、そうか。ではな、それを入手するんだ」

「入手して、どうなさいますか?」

「貴君がそれを理解する」

「えっ……?」

それは予想外の返答だった。

「私が、ですか？」

町村常務はくるりと椅子を回転させて私に背を向けて、窓の外を眺めて言った。

「実は私は君を試していたんだ。班目教授の信用を勝ち得るかどうか。正直、失礼ながら、私は君のことを見くびっていたよ。こんなにも優秀だとは……いいかい、班目教授のノウハウを君が吸収するんだ。そして君が第二の班目教授になるのだ」

「私が、第二の班目教授に？」

「そう。君にだけ話しておこう。実は、近く、私は新しい会社を興す」

「ええっ……！？」

私は驚いたふりをした。

「Nジェネティクス社のなかの優秀な人材に声をかけようとしているところだ。君にも声をかけたい。どうかな？」

「……考えさせてください」

私は吹き出しそうになった。長谷川さんが聞いたら、どんな反応をするだろう？

「よろしい。でも、もう君は片足をこちら側に突っ込んでいるということを忘れるなよ。なぜなら、君はもう私の話を聞いたのだからな」

それから、町村常務は私の方に向き直った。

「班目教授の新しいドクターズコスメのプレス発表の日にちは、君も知っている通り、今日の会議で決定した。それに向けて社内では諸々詳細を詰めていく段階だが……私の新会社のプレス発表会も同日に行う。そこに君も参加するのだ。それで班目教授に大恥をかかせてやることができる。わかったな」

「わかりました」

私はだんだんと頭が痛くなってきた。まるで何かの三文芝居につきあわされているような気になった。話を早く切り上げて、この場を立ち去りたかった。

それから、私はほうほうの体で常務取締役室を出た。

最後まで、町村常務は私に尋ねなかった。アイデア・ノートの内容を。

間違いない。彼はこういう人間なのだ。実際に手を動かす人間をそばに並べて、自分は役者を動かすだけのつもりらしい。私の頭が、さらにキリキリと痛んだ。

「イノベーション」は開かれたものでなくてはいけない

班目教授との新しいドクターズコスメについて、Nジェネティクスの上層部はゴーサインを出した。そして、そのプレス発表会の日程が決まった。とある金曜日の午後一時である。

その時間についても、私は町村常務から聞いていた。班目教授のドクターズコスメのプレス発表会が午後一時で、町村常務の新会社のプレス発表会は午後三時である。時間がずれているのは、化粧品業界専門の記者たちの流れを、Nジェネティクス→町村常務とさせるためだ。

もちろん、町村常務のプレス発表会の内容はマスメディアには漏れておらず、記者たちの頭の中は「?」になっているだろう。同じ会社が、立て続けに違うプレス発表会を行うのだから。

そんなスケジュールを、私のような下っ端社員が知っているのも、おかしな話である。私は極力、町村常務のことは頭の外に置いて、自分の仕事、ドクターズコスメのプレス発表会に集中することにした。

発表会のための仕事をしながら、私は班目教授との会話を思い出していた。

先日の飲み会の場でのやり取りだ。単に面白い話だっただけではなく、私たちにとって重要な何かを教えてくれる話だったと今にして思う。

班目教授はメニューに目を落として、ふと、「いいものを見つけた!」と短く叫び、そのメニューを注文した。

それは、カエルの足のから揚げだった。

皿に載った細長い揚げ物を、私はおそるおそる箸でつついた。

「カエルって、食べられるんですか?」

「食べられるからメニューにある。食用カエルって聞いたことがあるだろう。鶏肉のような味がするぞ」

そういって班目教授は、カエルの足のから揚げをひとつつまみ口に運んだ。

「カエルの足の話で、面白いものがある。イタリアの医学者、解剖学者のルイジ・

ガルバーニという人物がいる。ある日、彼はいつもと同じようにカエルの解剖を行っていた。解剖学者だったから、他の動物と同じようにカエルを研究に使っていたのだ。そして彼はカエルの足を、金属の器具を使って実験室の隅にぶら下げていた」

「あまり想像したくない光景ですね」

食欲を失った私は、文句を言うように彼を見た。彼はお構いなしに続けた。

「そのとき、たまたま彼のそばで発電機が回っていた。静電気を利用した接触式の発電機だ。発電機で起きた電気が放出されたとき、カエルの足がぴくぴくと動いた。ガルバーニは筋肉が電気によって動くことを発見したのだ」

「なるほど」

「筋肉は電気によって動く。この発見までは良かったが、ガルバーニは『動物の身体には特別な電気がたまっているに違いない』と考えてしまい、最終的には誤りであることが判明するその発見を、ボローニャ学士院雑誌に投稿した」

「間違った発見も、雑誌に載ることがあるんですね」

「その通り。論文も必ず正しいとは限らないんだ。そしてこの論文は、さまざまな科学者に驚きを与えた。そこで同じような実験が行われた。追試実験というやつだ。

そこで物理学者のボルタは、カエルの筋肉の動きが、カエル自身の身体が持っている電気によるものではないことを突き止めた。さらに彼はその一連の研究の中で、異なった金属を接触させると電気が起こることを見出した。そのボルタの発見は、今、我々が使っている電池の基礎になっている」

「カエルの足から、電池が生まれたんですね！　すごいイノベーションですね」

「イノベーションのきっかけをつかんだときに次に踏むべきステップが、このエピソードには隠されているかもしれないね。すなわち、異分野の人たちが集まって、さまざまな視点から考えるということだ。**一人の、ひとつの専門的な視点だけではなく、複数の専門的な視点で見つめることで、誤りが正され、さらなるイノベーションにつながっていく。**貴君と私のようにね。科学にだって間違いはある。イノベーションは誰か一人によって独占されるべきものではなく、どんどん開かれていくべきなんだ」

「私もカエルの足を見つけたいものです」

「貴君も食べるといい」

班目教授は私の前に、カエルの足のから揚げの皿を置いた。

「我々も名前を残したいものだと思わないか。現在、ガルバーニの名前はある種の電池の名前として、そしてボルタは電圧の単位に名前を残している……」

町村に葬られたもの

プレス発表会が1週間後に迫ったある日、私はふたたび三田村さんに声をかけられた。とある会議室に連れていかれると、そこには片栗課長と、もう一人、女性が室内にいた。見知らぬ女性は名前を名乗った。桜井と。

「私は五年前まで、Nジェネティクス社にいました」

桜井さんは、背の高い女性だった。黒髪を後ろで括っていて、黒いジャケットを着ていた。化粧っ気のない顔には、二つの厳しい目が並んでいて、その目線は背の低い私の頭のずっと上にあった。

片栗課長が口を開いた。

「桜井さんは僕の元部下で、班目教授とのドクターズコスメの担当を一時期務めてもらっていたんだ。彼女は退職するときに、連絡先を僕に教えてくれていて……。今日はちょっとお願いがあって来てもらったんだ」

次に三田村さんが説明した。

「私がお願いをしたの。先日教授と話していたシミュレーションの検証のため、五年前のドクターズコスメのデータが欲しくて社内のデータベースを探したんだけれど、どこにも見つからなくて。おかしなことに、データのほとんどがないのよ。それで今日、片栗課長に相談の上、桜井さんに来てもらったわけ」

三田村さんが話している間も、桜井さんはずっと厳しい目をしていた。

私は桜井さんのイメージを、もっと柔和な人だと勝手に想像していた。町村常務に攻撃されて三か月で退職を余儀なくされてしまったというエピソードが、勝手にそんな錯覚をさせていたのかもしれない。あるいは目の前にいる彼女は、町村常務に対する復讐心だけを抱えて、この場にいるのかもしれない。

「お会いしたい方がみなさん揃ったので、私の話を始めますね。まず、私が会社を辞めるまでの間ですが、片栗さんにはとてもお世話になりました。できる限り私を守ってくれていたのだと思います。そして三田村さんは、同期として、いろいろ相談に乗ってくれました。お二人はとても良い人たちだったのですが、ある一人の人物によって私の立場は崩壊し、私は早々にこの会社を去ったのです」

桜井さんは、そこでクスリと笑った。

「辞めた今だから言いますが、仕事のために心を病んで、身をもち崩すほど馬鹿なことはないですよ。狂った人間がいる場所からは、さっさと離れた方がいい。同じ会社に勤め続けなければならないなんて、そう言っておくほうが都合がいい人間が言ってるだけの話ですよ」

片栗課長と三田村さんはうつむいて黙っていた。私は何も答えることができなかった。

やがて桜井さんは、静かな声に戻って、言った。

「過去の班目教授とのドクターズコスメのデータは、残念ながら私は持っていません。さすがに会社のデータを無断でコピーして自宅に保管するようなことはしません。三田村さん、ごめんなさいね」

三田村さんは気落ちしたような表情を浮かべて、それから小さく頷いた。桜井さんは続けた。

「でも、私は一つだけ、Nジェネティクス社からデータを持ち出しました。それは一通のメールです。例の人物からの」

そうして彼女はスマホを取り出して、画面を順に三人に見せた。

「そんな馬鹿な！」と片栗課長が言った。

「……狂ってる」と吐き捨てるように三田村さんが言った。

「あの、画面の位置が高すぎて見えません」と私は飛び跳ねながら言った。

身長150センチの私に、三田村さんは申し訳なさそうに画面を傾けた。

私にも見えた。それは桜井さんの言う通り、町村常務からのメールだった。

三田村さんは、低い声でつぶやくように言った。

「どおりでいくら探しても、データが見つからないわけだ」

私は桜井さんに訊ねた。

「桜井さん、あなたは、このメールをどうしたいですか？」

彼女は私の顔をじっと見て、それから語りだした。

山田の学びメモ

「イノベーション」を科学的に考えると？

- 理系と文系の間に壁はない。異なるものの壁をとっぱらうことが、化学変化の第一歩
- 便利になった世の中で、「不便なこと」「できないこと」に気が付けるかどうかが重要
- 相反するもの、矛盾するものの融合の中に、イノベーションの秘訣があるかもしれない
- 私と班目教授のように、分野がまるきり違う人との出会いも、イノベシーョンの種のひとつかも…
- ひらめきは、他人と共有することでよりブラッシュアップされる

カエルの足は、鶏肉っぽい食感だった…

イノベーションは「クローズド」から「オープン」へ

ビジネス書やセミナーなどでよく目にする「イノベーション」という言葉は、企業だけでなく、研究者のなかでも使われる言葉だ。しかしその意味は、時代によって変化していると考えられる。

例えば今は、企業を取り巻く社会環境が大きく変化し、競争環境がより激化している。そのため、自前主義によって新たな顧客価値を生み出すイノベーションがより困難になりつつあり、世界中に広がるリソースを活用するオープンイノベーションに注目が集まっているというのが、ひとつの流れである。

国立研究開発法人、新エネルギー・産業技術総合開発機構（略称NEDO）が事務局を務めているオープンイノベーション・ベンチャー創造協議会という組織があ

19）オープンイノベーション白書 第三版 日本におけるイノベーション創出の現状と未来への提言

る。

これは民間事業者の「オープンイノベーション」の取組みを推進し、日本の産業のイノベーションの創出および競争力の強化に寄与する活動を行っている（国立の組織が、イノベーションについて研究しているという点に注目してほしい）。

この組織が発行している『オープンイノベーション白書 第三版 日本におけるイノベーション創出の現状と未来への提言』[19]のスライドを一部抜粋して下に示す。

20世紀のイノベーション論の特徴

- 発明家による**製品・サービスの発明と発展**、および**大量消費社会**を支える大企業の躍進
- **イノベーションの定義**や**普及の仕方**、**産業への影響**、あるいは企業によって**イノベーションのマネジメント方法**など、さまざまな議論が展開

21世紀のイノベーション論の特徴

- **デジタル技術**を活用し**グローバル**に展開する**スタートアップ**が台頭
- 大企業を中心とする効率的なイノベーション創出手法やマネジメント手法のより**進化した議論が登場**
- **スタートアップのイノベーション創出手法**や**新興国市場でのイノベーション創出**といった、新しい理論が登場

［イノベーションのとらえかたの変化］

簡単に言うと、だいたい2000

年を境にして、発明などの個々の「イノベーション」だったものが、デジタル技術を活用したグローバルな視点での「イノベーション」に推移していったと言える。

ちなみに、組織をまたいだイノベーションを「オープン・イノベーション」と言い、単一の組織内に閉じたイノベーションを「クローズド・イノベーション」と言う。「イノベーション」というもの自体が変化しているわけで、変化するものだという認識を持つことはビジネスの世界でも重要だろうと思う。ビジネス書や、そう、私の講義自体の内容も、いずれ古くなるということだ。

最終章

科学は誰にも「公平」なものである

～「科学的」に考えるということ～

1951年。米国のコールドスプリングハーバー研究所で、遺伝学に関するシンポジウムが開かれた。

バーバラ・マクリントックは、その日、遺伝学に関する画期的なプレゼンを行った。彼女はこの発表の準備に六年間という年月をかけ、用意されたデータはあらゆる科学的な反論に備えた、完璧なものであった。

41歳で米国科学アカデミー会員に推挙され、米国遺伝学会の会長も務めた人物の発表を、新聞社などの記者や研究者たちは、期待のこもった眼で注視した。彼女は語り始めた。『動く遺伝子（トランスポゾン）』について……。

聴衆は、世界中は、その内容に絶句した。そして、誰もがマクリントックが狂ってしまったのだと思った……。

気持ちをコントロールする「科学的」なアドバイス

その日が来た。

新しいドクターズコスメのプレス発表会の日だ。

プレス発表と言っても、大々的に新聞社やテレビ局がやってくることはない。こちらが指定した都内の貸しオフィスの一室に、化粧品関係の情報誌の記者を呼び寄せてプレゼンをして、同時にわが社のYouTubeアカウントから情報を発信するというものだ。

午後一時の、すこし手前。

予想より多くの記者がやってきた。わが社の熱意が伝わったのかもしれないし、社長をはじめとする上層部が後押ししてくれたのかもしれない。いずれにせよ、これまでの努力が認められた結果であるのは、言うまでもない。記者で埋まった室内を見て、私は体が震えるのを感じていた。

この場には班目教授も加わった。トレードマークの、兎のイラストを背負った白衣を着ている。ただし、白衣はいつものヨレヨレではなく、ピシッと糊がきいている。なんだ、新しい白衣あるじゃん、と私は思った。

発表が始まるまで、時間がゆっくり流れている気がする。私が緊張してそわそわしていると、班目教授が突然、「変な研究がある」などと言って話を始めた。

「30名の学生のおでこにゴルフのティーを2つつけ、そのティーの先端どうしをくっつけるように指示をした。無理やり悲しい顔をしてもらったわけだ。それから悲しい顔の写真を見てもらった。悲しい顔を作ったグループは、悲しい顔を見て強い悲しみを覚えた、すなわち共感したという結果が得られた。**悲しい顔をしているだけで、悲しくなってくるということがわかったのだ**[20]」

「はぁ……」

私はとりあえず返事した。ゴルフのティー？　他に気の利いた反応ができなかった。

「元気な顔をするんだ」

20) Larsen, R. J et al. *Cognition and Emotion*, 6(1992), 321-338.

彼は言った。私がにっこり微笑むと、班目教授は失笑した。

「もうひとつ話をしよう。マドリッド大学でこんな実験が行われた。71名の学生を『胸を張って、背筋を伸ばすポーズをとるグループ』と『猫背の姿勢をとるグループ』に分けて、『あなたは将来、仕事がうまくいくと思いますか？』と尋ねた。絶対にうまくいくと思う場合を9点、まったくうまくいかない場合を1点と点数をつけてもらった。前者のグループでは平均7・53点、後者では6・90点と、**姿勢によって明らかにポジティブ思考になることがわかった**[21]」

「よくそんな数字、覚えていますね？」

私は素直に驚いた。彼はまじめな顔をしていた。

「私がプレゼンをするときにいつも思い浮かべる話だからね。さぁ、貴君、胸を張れ」

私は、背筋をピン、と伸ばした。

彼が唐突に過去の研究の話をするとき、それはたいてい、私を元気づけたりしようとしてくれているときなのだ。

私たちは横長のデスクに並んで着席した。端から班目教授、私、片栗企画課長、

21) Brinol, P et al. *European Journal of Social Psychology*, 39 (2009), 1053-1064.

三田村さんの順番で着席した。長谷川さんの姿はなかった。今日は病欠ということであるが、その居場所はわかっている。向かいのビルディングの一室だ。あちらでも同じように、プレス発表の準備が進んでいるだろう。

私もその場所を町村常務から聞いていた。私は班目教授のドクターズコスメの発表の開始直前まで、こちらの部屋にいることになっている。

「貴君、いよいよだね」

「はい、今日までありがとうございました」

私は班目教授に向かって、丁寧にお辞儀をした。

「それでは、始めましょうか」

私は立ち上がり、プレスリリースのための原稿を読み始めた。

イノベーションの「方程式」

とあるオフィスビルの一室。そこにも記者が集まっていた。

「どうも、Nジェネティクスの町村です」

グレーのスーツを着た男が、深々と一礼した。

「今、この瞬間に、私はこの会社の名前を脱ぎ捨てようと思います」

記者たちは、お互いの顔を見合わせた。記者たちは、これから男が何を語るのかを、まったく知らずにここに集まっていた。ただ、町村という、それなりにこの業界で大きな声でモノを言っていた男が記者を呼んだのだから、何かあるだろうという予想だけはあった。

「私たちは新しい会社を興します。Nジェネティクス社からヘッドハンティングした優秀な若手社員と、私がマレーシアで見つけた現地の情熱的なスタッフを集めて、化粧品業界専門のコンサルタント会社を設立します」

記者たちはざわつき始めた。

「私は五年間、マレーシアにいました。そこで私は、日本企業のやり方が、世界的に見てまったく遅れていることを痛感したのです。このままではいけない。私は五年間かけて、日本と諸外国……とりわけアジアの化粧品業界の動向を調査しつくしました。その結果、これからの化粧品業界の大きな需要はアジアを起点とする、特に中国、インドに大きな潜在的需要があると結論づけられました。そしていまだに日本の化粧品への期待は高い。今まさに、我々は立ち上がるべきときなのです。このノウハウを、日本のコスメティック産業の再興のために生かしたい。私はいち企業にいるべきではないのです！」

記者は、ノートにメモを取り始めた。

壇上の町村は会場を一瞥して、私を発見した。そして一瞬、驚愕したような顔をして、「貴様何してるんだ、こっちに来んか」というように、短く手招きした。そして次の瞬間、彼はさらに口を大きく開けて、こちらを見た。正確には……私の隣にいる班目教授を見て――。

班目教授が静かに手を挙げた。プレス発表会は始まったばかりで、質疑応答の時間でもないのに。そして誰にも求められていないのに、教授は話を始めた。

「町村氏がコンサルタント業を始められるというのは、興味深い話である。貴君がトップに就くことで業界に明るい展望が示されるのなら素晴らしいことだ。この場ではその数学的な根拠を示すと良い。また、化粧品業界のコンサルティング会社というなら、数学、物理学、計算科学、社会倫理などの能力を持つブレーンが必要だと考えられるが、その点は新メンバーに含まれているのだろうか？」

いつもの班目教授だった。彼の言葉に嫌みな様子はなかった。単純に、ひとりの学者として質問しているようだった。

一方の町村氏は、ぷるぷると震えていた。記者たちを前にして、いつものように怒鳴り散らすことができないのだ。ただ、その怒りは……あまりにも低い彼の頭の沸点は、行き場をなくし、町村氏の体を前の方に動かした。記者たちの合間をぬって班目教授の前までやってきた彼は、小声で……彼の中での小声で、言った。

「……出て行けよ。お前なんかに用はない」

プレスはざわつき始めた。

「お前にはもう用はないんだ。お前のアイデアの源は、すべてこちら側にあるからな。山田、そうだろう？」

全員の目が私に向いた。

このとき私は、班目教授の隣で小刻みに震えていた。しかし、後には引けなかった。そしてここで戦いをやめるわけにはいかなかった。隣にいる班目教授をチラリと見ると、不思議に震えはやんだ。そして私は思い出した。私たちは論理的な説明が可能であり、決定的な証拠があった。何を恐れることがあろうか。

「ああ、あの、真っ白なノートのことか」

私の隣で、班目教授が答えた。

「なんだって？　真っ白？　白紙⁉」

町村氏は班目教授のすぐ傍に来て、彼の白衣の襟をつかみながら言った。

班目教授は落ち着いた声で言った。

「そうだよ。あのノートの中身は真っ白だ。嘘だと思うなら、ご自分で見たらどうか？」

アイデア・ノートは私が持っていた。ノートを差し出すと、町村はひったくるように奪い取った。

そしてページをめくっていく。プレスも含めたその場にいた全員に中身が見えた。

たしかに、真っ白だった。ただ一言、一ページ目にはこう書かれていた。

『この白紙のページは、私にとってフロンティアを象徴するためのもの。イノベーションの方程式のような、簡単なものは存在しない。あるのは考える頭と真っ白い紙だけだ』

「科学的」とは、すべての人に公平であること

「……お前たち、馬鹿にすんなよ」

町村氏は私たちの耳元で唸るように言った。

班目教授は答えた。

「どうして自分で確認しようとしなかったんだ？　知識を持っている人間が周りにいれば、自分は持たなくてもいいとでも思っているのか？」

「そうだよ。その通りだよ」

町村氏は続けて言った。

「大学の中に閉じこもって、ひとりで仕事している教授に教えてやるよ。それがビ

ジネスってもんなんだよ。現場が働き、トップが決断する。そうして役割分担して、成果を上げてきたんだよ」

「どうやって決断をするというんだ？」

「経験だ。若いうちから数々の成功を着実に積み上げてきた経験と責任感だ。他にあるか⁉」

町村氏は班目教授を睨みつけたあと、ゆっくりと視線を逸らして、プレスたちに向けた。その瞳は自信に満ちているように輝いていた。

町村氏は、もしかすると、ここにきて作戦を変更したのかもしれない。ふと、私はそう思った。町村氏はNジェネティクス社の若手社員を籠絡し、社内をめちゃくちゃにしたうえで新しい会社をぶち上げ、かつ、アイデア・ノートを奪うことで、Nジェネティクス社もろとも班目教授を過去のものにしてしまおうと考えていた。

しかし、それよりもずっと近道があるのを彼は発見したのだ。このプレス会場で、班目教授を直接、打倒することだ。

「古い考えの教授など用済みなのだ。俺はビジネスの何たるかを知る若い力を結集して、新しいコスメティック産業の導き手となるのだ！」

その場にいた全員を圧倒するような迫力で、町村氏は叫んだ。

しかし、ひるまなかった人物が一人だけ会場内にいた。班目教授は首を振った。

「相変わらず、なぜ君は、科学的に考えられないんだ？」

その班目教授の言葉で、町村氏のスイッチが押されたように見えた。それは押してはならないスイッチのはずだった。町村氏の顔が腫れあがったように赤く染まっていくのが誰の目にも見えた。

「またその話かよ！　科学的って、何なんだよ、この場で一言で説明してみろ！」

班目教授は頷いた。

「科学的とは、論理的に、自分も含めて世界中の人たちを納得させることだ」

町村が目を見開いたまま沈黙した。彼が理解できていないことを知った班目教授は、学生に語るように続けた。

「データでもって物事を自分と相手に納得させることだ。科学的であるということは、老若男女、理系文系問わず、どのような人々にとっても共通で公平なものだ。さぁ、貴君、貴君がやろうとしていることを、誰にでもわかる言葉で説明してごらんなさい」

私はひとつ、気がついたことがある。この場で戦っている町村氏は、班目教授に対する怒りを抱いている。では班目教授は？

班目教授は、この場においてさえも、町村氏のことを考えているように私には見えた。班目教授にとっては、気に入るか気に入らないかという感情的な基準などなく、ただ相手の科学的な正しさだけが基準にあるのかもしれない……。

崩壊した「計画」

「……」

町村氏は答えられなかった。会場は、異様な空気に包まれた。そして、その空気は、私の発したひとつの質問で大きく変化した。私は大きく息を吸い込んでから、訊いた。

「ところで、どうして町村さんは、アイデア・ノートを盗もうとしたんですか⁉」

室内にいた記者たちが、一斉にざわつき始めていた。

「盗んだ……？　アイデアを？」

　ここにきて町村氏は、ようやく事態に気が付いた。私たちの近くから離れて、マイクを握り直して言った。

「失礼しました。妨害が入りまして……ええと、私の話を続けます」

「盗んだという声が聞こえましたが、ちょっと先にそちらについてご説明していただけますか？」

　記者から質問が出ると、町村氏は、袖で汗をぬぐって答えた。

「ええとですね、そこの白衣姿の男と女性社員さんは、どうやら勘違いしていまして、私が何か情報を盗むように言ったことは……」

　私の手に握られたＩＣレコーダーから、町村氏の声が流れてきた。

「………彼のアイデア・ノートを、盗んでくるんだ」

「なんでそんなものを……」

　町村氏は、呆けた顔で、私を見た。

「自分の身は自分で守らなければならない。あなたの言葉です。ですが、私もまた、ずっとずっと以前から、常にＩＣレコーダーを携帯していたんです。ほとんどは、交わした会話を記録して、あとで自分が勉強するためですが」

どういうことですか⁉　会場は、大騒ぎになった。混乱の渦の中、ひとりの女性が立ち上がった。大柄の班目教授の背中に隠れるようにして座っていた彼女が。

「疑惑はまだあります！」

桜井さんが大きな声を張り上げて言った。

町村氏の会見は、もはやほとんど会見の形を失いつつあった。

そしてここまでは、私たちの筋書きの通りに進んでいた。

……

「桜井さん、あなたは、このメールをどうしたいですか？」

先日の話し合いのときの出来事だ。私の問いに、彼女ははっきりした声で答えた。

「町村常務の計画をつぶしたいです」

それから私たち……桜井さん、私、三田村さん、片栗課長、そして班目教授を加えた5名で、計画を練った。

「証拠を積み上げるんだ」と班目教授は言った。

「感情的になってはいけない。証拠を積み上げて、論理的に戦うんだ」

こちらには、アイデア・ノートと、桜井さんのメールの二つの証拠がある。それで十分だと班目教授は言った。

「町村氏もプレス発表を計画しているんだろう？　そこにぶつければいい」

そのようにして、プレス発表当日の反撃計画が練られていった。


「町村氏は五年前から、この計画を練っていたのです。Nジェネティクス社に多大な損害を出させ、そして会社が失った顧客を、自分が作る新しい会社が掠め取っていくという計画を！」

会場にいる全員に聞こえる大きな声で話す桜井さんを、町村常務は見た。彼は呆けた顔をしていた。桜井さんはめげずに続けた。

「五年前、あなたは何をしたか。Nジェネティクス社のひとりの女性社員に対してある指示をした。好調だったドクターズコスメのデータを抹消することを。あなたはドクターズコスメのドクター……班目教授とそりが合わなかった。彼は決してあなたに従わなかった。そんな人間はあなたの人生の中で今までいなかったのでしょう。だからあなたは憎んだ。こいつを倒さなければならないと思った。そして製品ごと教授をつぶそうという計画を立てた」

会場はしんと静まり返り、記者たちも、私たちも、誰もかれもが桜井さんを見ていた。そして彼女の言葉を待った。

「データをすべて消して、あなたはマレーシアに逃げて、ドクターズコスメをめちゃくちゃにしようとした。実際にそうなった。大切なデータがなくなったために、販売予測も、その後のこまかな改良もできずに、販売数は伸び悩んだ。あなたの思い描いた通りだ。そして五年後、あなたは何食わぬ顔で戻ってきて、今そこにいる」

「ええと……」

町村常務は、苦笑いを浮かべて、桜井さんを見た。

「ちょっと、今日は妨害がひどいですなぁ。あなた、一体誰です？」

ひゅううう、という、空気が通るような音が聞こえて私は左右を見た。

彼女が胸いっぱいに息を吸い込んでいた。

「あなたがつぶした桜井だよ！」

桜井さんは、壇上の町村氏に向かって詰め寄った。

「忘れたの？　あなたの命令で、私がデータを消したことを。パワハラで洗脳して、私を追い詰めて狂わせて、消させましたよね？　そうして次に、データを消したことを私のせいにしましたよね。その責任をとって、私は退職しました！　これがあなたとの最後のメールです。忘れたとは言わせません！」

桜井さんはジャケットの内側に隠していた、小さな、そして大量の紙の束を、天井に向かって放り投げた。

そこには短く、こんなことが書かれていた。

To：桜井美和
From：町村充
口頭で指示した件、君がやらなければならない。
外部ハードディスクへの保存も認めない。
課内会議でこれ以上叱責されたくないだろう、明日朝までに指示を守れ！
指示を守れ！　指示を守れ！　指示を守れ！　指示を守れ！

まき散らされた数百枚の紙片によって、会場は一瞬、真っ白になった。紙片はスローモーションのようにゆっくりと宙を舞っていた。私はその光景を、どこかで見たような気がした。

ボッティチェリによる『ヴィーナスの誕生』。海辺に屹立する美しい女神。風の神が彼女に風とバラの花を吹き付けている絵画の様子が思い浮かんだ。バラの花は、まるで紙吹雪のようにはらはらと舞い落ちて……。

しかし、美しいバラの花の正体は、桜井さんの用意した紙だった。しかもその内容は町村のメールなのだ。美しく幻想的な光景から、突如として現実に戻る。そのギャップに、私は身体を叩かれたかのような衝撃を受けた。

そのヴィーナスの幻影は、かつてアートを追いかけていた自分のように見えた。そしてその幻影が解かれ、現実世界にいる一人のビジネスパーソンが現れた。それが今の私のように思えた。自分をヴィーナスに重ねるのはとてもおこがましいのだけれど……。

紙片を手に取った記者たちが一斉に立ち上がった。

「町村さん、どういうことですか？」

町村氏は、パイプ椅子に腰を下ろして、そのまま動かなくなった。長谷川さんの顔は、押し寄せる人々によって見えなくなった。

私と班目教授は、騒ぎの中、こっそりとその場を後にした。

「科学」と「世間」に橋を架ける

「動く遺伝子って、知っているかい？」

プレス発表会からしばらく経ってから、久しぶりに班目教授と会ったとき、彼は私にそう尋ねてきた。

「バーバラ・マクリントックという米国の女性の科学者は、1951年に『動く遺伝子』、すなわち、ある染色体の中で遺伝子が移動することを……まぁ、たとえて言えば、貴君が持っている書類の中で、勝手にとあるセンテンスが別の位置に入り込んでしまうようなもの……それを発表した」

私は首を振った。知らない話だった。

「バーバラはすでに米国科学アカデミー会員に推挙されていたし、米国遺伝学会の会長も務めた人物だったが、彼女の『動く遺伝子』は、一般人はおろか科学者からも笑いものにされた。しかし、彼女の『動く遺伝子』に関する説明は、実に科学的に行われていた。後年になって……彼女が81歳のとき、ノーベル医学・生理学賞を受賞した。このエピソードは、科学的に正しくても、すぐに理解されて受け入れられるとは限らないということを教えてくれる。発表時点のバーバラにひとつ落ち度があったとすれば、それは当時の彼女の説明が、誰もが理解や納得できるような形ではけっしてなかったということだ」

私と班目教授は、東京湾に架かるとある橋の上に並んで話をしていた。この場所は私の会社の近くで、ときどき私が息抜きに来る場所だった。今日は、会社に顔を出した班目教授を誘ってみたのだ。

「動く遺伝子ですか……。勉強します」

私は苦笑いを浮かべた。

「講演直後にバーバラが受け入れられなかった理由を、彼女の伝記を書いた人物はこう述べている。もし『世間との通訳』をマクリントックが持っていたならば、彼女はずっと早くから正当な評価を得ていた、と」

「世間との通訳ですか」

「そう、君のことだよ」

班目教授は、言った。

「科学的に正しくても、すぐに理解され受け入れられるとは限らない。同じことは、ビジネスのイノベーションでもしょっちゅう起こっているのではないだろうか。商品やサービスに対する『時代を先取りしすぎた』という賛辞は、後から贈られるものである。時代を先取りしすぎたサービスとならず、今この時代に受け入れられる商品やサービスになるためには、誰もが理解できて納得できるものでなくてはならない。イノベーションの本質である斬新さと、背反する概念も同時に求められるという、困った話であるな」

班目教授はため息をついた。

彼の身体の後ろには、わが社の大きな看板が掲げられていた。その看板には、堂々とした文字でドクターズコスメの言葉が躍っている。我々がリニューアルした製品が高評価を受けて、大手通信販売会社の売り上げ1位を獲得したことも、目立つ色の字で添えられていた。

「だから、貴君らのような、**科学と世間との間に橋を架ける通訳が必要なんだ。**科学は万能じゃない。理系が優れている、文系が優れているということではなく、お互いがお互いの素養を持ち、理解しあい、補いあうことが大切なのだ」

班目教授は、看板の文字に気が付いているのか、少し照れくさそうに、そして楽しそうに言った。

町村氏の独立の話は、あのプレス発表会がもとで完全に頓挫した。町村氏は退社して、その後どうなったかわからない。長谷川さんは休職の状態が続いている。戻ってくるのは難しいだろう。三田村さんは元気に都内を飛び回っている。

そして桜井さんは……。彼女は片栗課長の計らいで、Nジェネティクスの関連企業に勤めているらしい。発表会の一件以降会ってはいないが、片栗課長からは近況を聞くことができる。もう少し時間がたてば、私たちのチームに合流するかもしれない、ということだ。

物事は、あるべきところに収まりつつある。

「それじゃあ、私は大学に戻るよ」

班目教授は私を見て言った。私はペコリと頭を下げた。

「ありがとうございました」

「また数年後、あの製品について改良するならば声をかけてくれ。それかもしくは……君が何かイノベーションを成し遂げるようなことがあったら、一緒にやろう」

「はい、近いうちに。私の机には今、赤と緑の付箋がいっぱい貼ってあります。ともにイノベーションを起こしましょう！」

［著者略歴］

松尾佑一（まつお・ゆういち）

1979年、大阪府生まれ。大阪大学大学院工学研究科博士後期課程修了。博士（工学）。とある国立大学にて生物学に関する研究に従事。2009年に『鳩とクラウジウスの原理』で野性時代フロンティア文学賞を受賞し、デビュー。著書に『生物学者山田博士の奇跡』『生物学者山田博士の聖域』（以上、角川文庫）、『彼女を愛した遺伝子』（新潮文庫nex）など、科学や科学者にまつわる題材をもとにした小説を数多く手がけている。近著は、初の科学エッセイ『理系研究者の「実験メシ」』（光文社新書）

なぜ君《きみ》は、
科学的《かがくてき》に考《かんが》えられないんだ？

2023年3月10日　初版発行

著　者　松尾佑一

発行者　小早川幸一郎

発　行　株式会社クロスメディア・パブリッシング
〒151-0051 東京都渋谷区千駄ヶ谷4-20-3 東栄神宮外苑ビル
https://www.cm-publishing.co.jp
◎本の内容に関するお問い合わせ先：TEL（03）5413-3140／FAX（03）5413-3141

発　売　株式会社インプレス
〒101-0051 東京都千代田区神田神保町一丁目105番地
◎乱丁本・落丁本などのお問い合わせ先：FAX（03）6837-5023
service@impress.co.jp
※古書店で購入されたものについてはお取り替えできません

印刷・製本　中央精版印刷株式会社

　ISBN978-4-295-40804-8　C2034